ASSOCIATION

DES

Anciens Elèves, Fonctionnaires et Anciens Fonctionnaires

DU LYCÉE GAY-LUSSAC

A NOS MORTS

Inauguration du Monument commémoratif. — Les Noms glorieux. — Liste des Souscripteurs et des Anciens Elèves.

PRIX : CINQ FRANCS

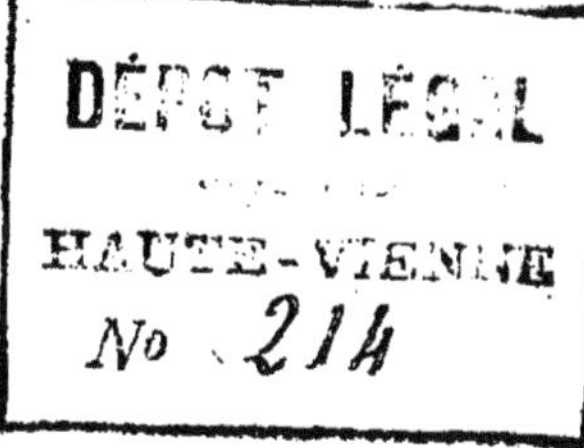

Association des Anciens Elèves
Fonctionnaires et Anciens Fonctionnaires
DU LYCÉE GAY-LUSSAC

A NOS MORTS

Association des Anciens Elèves Fonctionnaires et Anciens Fonctionnaires DU LYCÉE GAY-LUSSAC

A NOS MORTS

Le 16 février 1922 a été inauguré le monument élevé dans le vestibule du Lycée Gay-Lussac à la mémoire des anciens élèves et fonctionnaires morts pour la France. Le zèle pieux de l'Association des anciens élèves, le concours dévoué de l'administration universitaire, des professeurs, des élèves, des familles éprouvées, avaient permis que cet hommage, sans atteindre aux proportions qu'on aurait voulu lui donner, fût du moins digne de ceux dont le sacrifice a sauvé le pays.

Le monument réunit sur le mur faisant face à la porte d'entrée les plaques de marbre contenant les noms des morts de 1870-71, des guerres coloniales, et de la grande guerre. Les victimes de 1914 à 1918 sont au nombre de deux cent vingt-cinq.

Au centre figure un bas-relief en marbre du sculpteur Fix Masseau qui a, dans une belle inspiration, symbolisé la mort du soldat sur lequel plane une Gloire, entourée de figures représentant les générations sauvées.

Au Temple Protestant

A 8 heures et demie, un service au temple protestant réunissait M. Toustain, représentant M. le Préfet ; M. Crévelier, le Président et les membres du Comité, des délégations de professeurs et d'élèves et un certain nombre de familles. M. le pasteur Guiraud, après avoir dit les prières appropriées, a, dans un langage d'une grande élévation de pensée et d'une forme très pure, exalté la mémoire des morts.

Il s'est exprimé ainsi :

> **Celui qui voudra sauver sa vie la perdra, celui qui donnera sa vie à cause de Moi la retrouvera.**
>
> **Jésus-Christ.**

Messieurs et honorés Frères,

Dans l'atmosphère de l'Evangile et de la foi chrétienne, il se produit spontanément une transposition presque totale de la vie humaine et de ses valeurs : les grandeurs empruntées, les orgueils descendent et tombent en poussière ; les humilités et les anonymats laborieux se dressent, dominent tout, puissants et salutaires. Cette même transposition s'accomplit aujourd'hui devant nous : ce ne sont pas des morts que nous venons célébrer ici, mais des vivants ; ce n'est pas le souvenir fugitif de ce qu'ils ont fait, de ce qu'ils furent que nous venons essayer de ranimer pieusement entre nous, c'est ce qu'ils sont encore aujourd'hui, ce qu'ils seront demain que nous venons regarder et louer. Dans la cérémonie de ce jour, je ne vois pas le pauvre geste ému portant une couronne en témoignage de reconnaissance et d'affection envers des actes révolus et des vies éteintes, mais bien plutôt le geste grave d'hommes qui viennent puiser de la force, du courage, qui viennent puiser de la vie dans des vies qui nous soutiennent.

Qu'elles sont fines et nobles les silhouettes de ceux à qui va aujourd'hui notre pensée ! Ils avaient acquis dans l'étude, dans la pénétration du génie français, si souple, si humain, si prophétique, ils avaient acquis cette allure loyale, simple, si riche d'énergie, de concentration intérieure, concentration si naturelle, si sûre d'elle-même qu'aux heures redoutables, elle avait toute la foi tranquille et le sobre défi d'un sourire. La vision de leurs corps déchiquetés ou enlisés dans la boue, s'efface maintenant devant nous pour laisser passer et s'épanouir leurs âmes. Ah ! pour eux tout au moins, fils spirituels de la vieille Université de France, il y avait dans leur élan bien autre chose que des instincts de vengeance, des désirs enfantins de panache ou l'étroit et fragile intérêt des conquêtes maté-

rielles ; en eux il y avait un idéal : le maintien des bases morales de l'Humanité et la conquête ardente, passionnée d'un avenir plus clair, plus humain, plus lumineux pour toute la terre. Ce qu'il y a de généreux, d'ardent qui travaille notre race, ils le portaient à bout de bras, bien haut, ils en étaient les champions et ce sont eux, vos enfants, vos élèves qui, pour une large part, ont dressé pour toujours dans l'Histoire cette silhouette du soldat dont l'âme autant que le corps était vêtue du bleu des horizons.

Aujourd'hui peut-être quelques-uns pensent et disent : « C'est fini !... voyez comme on oublie ; voyez comme on est sceptique ! et, que c'est triste ! voyez comme déjà on sourit ! »

Oui, frères ! après toutes les semailles il y a un temps où sur les champs déserts tout paraît mort, où il semble qu'il n'y a plus de vie sur la terre déchirée et le labeur de l'homme qui peina sur les sillons semble alors inutile et perdu ; mais la vie tressaille et grandit aux replis obscurs et elle se lèvera un jour, demain, dans le ruissellement magnifique et salutaire des moissons. Et nous, chrétiens, alors même que tout nous contredit, nous croyons aux moissons. Accueillez cette définition : Le croyant est celui qui quand même sait qu'il y aura la moisson. Nous croyons avec le crucifié et le laboureur, que c'est le grain de blé qui meurt qui porte des fruits. Nous croyons qu'aucune noble peine n'est perdue et que tous les sacrifices même les plus ignorés, les plus oubliés vont s'insérer dans la réalité féconde pour l'enrichir encore.

L'homme écrit souvent l'histoire comme un enfant qui n'a d'yeux que pour les parades et les grands noms, mais Dieu et la vie qui est son œuvre, l'écrivent de toute autre manière : ils recueillent tout ce qui est positif, ardent, sincère et laissent tomber le reste, tout le reste dans la poussière. Contre cette loi se brisent comme verre toutes nos folles prétentions et nos vanités, mais par elle s'allument et s'avivent tous les courages et toutes les joies au sein des plus durs labeurs. Ce Dieu gardien a recueilli, gardé, plus jalousement que nous ne pouvons l'imaginer, toutes ces vies, toutes ces âmes qui ont voulu souffrir, se donner pour que l'avenir soit plus beau, plus haut, plus fécond ; et l'avenir sera fait, sera dressé par ceux que nous appelons nos morts, par eux plus que par nous, car ils sont plus vivants que nous, car nous ne sommes peut-être que des cadavres que roule le torrent de l'Esprit, car il n'y a pas de vie plus intense, plus vivante que celle qui se donne et se donne toute entière.

En nous inclinant tout à l'heure devant l'œuvre d'art qui symbolise le sacrifice de ceux qui sont tombés, nos regards, quoi qu'il en semble, ne seront pas tournés vers le **Passé**, *ils fixeront l'Avenir, l'avenir qui jaillira comme une moisson de ces milliers de tombes rangées sous le ciel comme des sillons laborieux, et nous dirons la grande parole de l'Esprit de ses combats et de ses victoires : l'humanité ne vit que par la puissance de ceux qui ont su bien mourir. Sans eux nous serions morts tout vivants, ensevelis dans nos pensées courtes, nos craintes serviles, nos amours sans lendemain, nos œuvres croulantes ; mais leurs blessures nous guérissent, et leur mort ouvre en nous des sources de vie.*

Tous les sacrifiés volontaires, tous ceux qui ont accepté de donner leur vie pour une juste cause, saints vénérés ou héros d'ordre laïque, sont tous de la même essence. Sur sa croix le Crucifié est près de tous les crucifiés de la terre, de tous les couronnés d'épines, de tous les immolés par devoir ou par amour. Ils font tous partie de la grande et seule véritable Eglise, celle du sacrifié, de la servitude volontaire, du don de soi, l'Eglise invisible et puissante que domine le Christ et qui n'a qu'un dogme, qui n'a qu'un rite, le plus ardent, le plus complet, le seul salutaire, le rite silencieux que dressent devant nous la parole et l'acte central de l'Evangile :

Prenez, ceci est mon corps rompu pour vous,
Prenez, ceci est mon sang versé pour vous !

Pour vous ! Pour nous ! Ah ! cette vision il nous faut la garder, la maintenir. Je vois nos joies, nos labeurs d'aujourd'hui, le sourire de nos enfants, le calme du soir de nos vieillards, je vois notre vie entière quotidiennement soutenue par ces agonies, ces morts, morts rigides fixés dans leur sacrifice comme des colonnes qui soutiennent un temple.

Oh ! qui de nous ne se sentirait pas pressé de n'aller dé-

sormais dans la vie, de ne marcher sur notre terre de France qu'avec la piété grave, le cœur recueilli de ceux qui savent qu'ils foulent une terre sacrée !

Pareilles morts ne sont pas des sauts dans les ténèbres, elles ne sont pas un affaissement, une chûte, déjà nous le sentons elles sont incandescentes, chargées de vie supérieure, semblables à des ascensions au-dessus de tout ce qui passe. C'est bien là pour ceux qui pleurent et pour tous ceux qui les aimaient, notre dernière pensée. Ils ont su si ardemment vivre leur mort, ils l'ont remplie d'un tel élan spirituel que nous sentons qu'ils l'ont franchie pour entrer dans la vie supérieure, la vie éternelle de l'Esprit. Je crois au Dieu qui recueille toutes les peines, accompagne tous les crucifiés, je crois au Dieu des dures semailles, mais je crois aussi au Dieu des moissons joyeuses, Celui qui reçoit et qui garde les vies ardentes dans la vie qui n'aura point de fin.

Messieurs et frères, que ces pensées que nous venons d'exprimer au milieu de vous, en commémoration des nombreux élèves de notre Lycée Gay-Lussac, qui sont tombés si jeunes les yeux en fleurs et l'âme brûlante, que ces pensées approfondissent nos souvenirs sans doute, mais aussi nos courages pour aujourd'hui et nos espoirs pour demain, et entre eux, nos bien aimés et nous, ce sera la plus profonde étreinte, ce sera la communion des vies.

Maintenant ce sont eux qui parlent, voici leur envergure d'âme :

L'un d'eux écrivit : « On ne m'envoie pas me faire tuer ; j'offre ma vie pour les générations futures. Je ne meurs pas, je change d'affectation. Celui qui marche devant nous est assez grand pour que nous ne le perdions pas de vue. »

Un autre : « Face à la redoute de Thiaumont... la terre tremble comme un château de cartes... Une seule chose plane au-dessus de ces terres mortes, c'est que l'Esprit nous reste et que nous n'avons qu'une ressource, vivre de toute notre âme. »

Et pour l'un d'entre eux, cette fin, si c'en est une ! cette fin dans laquelle il me semble voir enveloppés tous ceux qui nous ont quittés. « Le lieutenant X..., malgré la violence du bombardement, était debout, sur le parapet, la jumelle à la main. Un éclat d'obus lui troua le front. Son sous-officier lui dit : Vous êtes blessé ! Non, répondit-il, je suis tué ; puis il tomba comme une masse. »

Frères, c'est de plain pied que je continue ainsi ce récit :

« Celui qui donnera sa vie à cause de moi la retrouvera. »

« Heureux ceux qui sont persécutés pour la justice, car « le Royaume des cieux est à eux !

« Vous êtes le sel de la terre. »

Amen.

Le Service catholique

A 9 heures et demie une messe était célébrée à l'église de Saint-Pierre-du-Queyroix, par M. le chanoine Mathivet, aumônier du Lycée, devant une assistance qui garnissait toute la vaste nef. Dans le chœur avaient pris place les autorités civiles et militaires, M. Valentini, conseiller de préfecture, représentant M. le Préfet absent de Limoges , M. l'Inspecteur d'Académie, le Président et les membres du Comité des anciens élèves, M. le Proviseur et des professeurs du Lycée. Les élèves en grand nombre étaient présents. Mgr Flocard, évêque de Limoges, avait bien voulu apporter aux familles éprouvées une haute marque de sa bonté et de sa sollicitude en assistant à la cérémonie et en donnant l'absoute à l'issue de la messe.

M. le chanoine Mathivet a ensuite prononcé une belle allocution où son éloquence, puisée dans les sources pures de la religion, a profondément ému tous les cœurs.

En voici le texte :

Monseigneur,

Messieurs les Membres du Comité et de l'Association amicale,

Mes Frères,

Dans l'effort surhumain qui vient de sauver la France et qui lui a valu, en plus de son immortel prestige, le respect et l'admiration du monde entier, la grande famille universitaire a eu sa large part d'héroïsme, de sacrifices et de douleurs ! Tous ses membres, sans distinction, professeurs, maîtres, anciens élèves, élèves de la veille, ont payé généreusement la rançon de notre victoire.

Dans ces conditions elle pourrait, sans dépasser les limites d'une légitime fierté, revendiquer — au moins pour ceux qui ne sont plus — la part de gloire qui lui revient de ce fait. Mais elle est trop coutumière des gestes simples et désintéressés pour rechercher autre chose que la satisfaction intime du devoir courageusement accepté et généreusement accompli. Il est cependant une chose à laquelle elle ne saurait renoncer sans faiblesse, il est un sentiment qu'elle ne peut ni ne veut dissimuler, c'est sa piété reconnaissante envers ses morts. Elle tient par dessus-tout à ce que leur souvenir soit religieusement conservé au moins dans les cœurs de ceux qui les ont connus et aimés, à ce que la sublime leçon qui se dégage de leur vaillance ne soit pas perdue pour les vivants !

C'est dans ce but seulement que, dès la première heure, l'Association amicale des Anciens Elèves et Fonctionnaires a pris l'initiative d'élever, dans l'enceinte de notre vieux Lycée, un monument destiné à perpétuer le souvenir de ceux qui sont tombés sur nos divers champs de bataille et à symboliser la sublime abnégation de leur sacrifice.

Ah ! certes, nous n'avons pas attendu la réalisation de ce projet pour témoigner à nos morts la profondeur de nos regrets et la sincérité de notre admiration. En réalité leur souvenir ne nous a jamais quittés, ni dans l'angoisse d'une lutte héroïque, ni dans la joie du triomphe, ni à plus forte raison dans le calme de la paix reconquise. Chaque année en effet — pour ne parler que de cette circonstance — au jour solennel de la distribution des prix, malgré la légitime impatience de nos élèves, c'était dans un religieux silence que nous écoutions debout, le cœur plein d'émotion, l'âme en communion avec nos chers absents, l'énumération de plus en plus longue de nos deuils et de nos vides !

En dépit de difficultés sans nombre, votre but est maintenant atteint, Messieurs du Comité de l'Association ; votre œuvre est enfin réalisée dans sa souche si délicate et si artistique. Sans éclat, sans geste thédtral, dans la plus grande simplicité, comme on dépose une couronne sur une tombe, vous allez nous présenter, nous confier le symbole de votre piété. Désormais le couloir principal de notre vieil établissement universitaire va conserver religieusement, avec le motif émouvant qu'elles encadrent, les plaques de marbre où sont gravés en lettres d'or les noms à jamais impérissables des héros de nos deux grandes épopées nationales : 1870-1914. Unis dans la même immolation ils le seront aussi dans notre fidèle souvenir !

Mais, avant de léguer ce monument à la piété des générations futures, vous avez voulu — dans une pensée qui prouve la délicatesse et l'élévation de vos sentiments — associer la Religion à la beauté de votre geste. Vous êtes persuadés en effet qu'elle est la grande sauvegarde du souvenir, que seule elle sait dresser l'espérance sur les tombes et faire pénétrer la consolation jusqu'aux cœurs les plus meurtris et les plus désespérés.

C'est pour répondre à cette pieuse inspiration que vous avez eu à cœur, Monseigneur, d'honorer de votre présence cette fête de la douleur et de la reconnaissance. Votre touchante démarche a une signification qui n'échappe à personne : c'est que l'Eglise catholique, dont vous êtes parmi nous le représentant autorisé, ne veut rester étrangère à aucun sentiment généreux ; c'est que votre pitié est acquise, sans distinction, à tous ceux qui ont souffert et qui sont morts pour la plus noble des causes ; c'est qu'enfin votre cœur d'Evêque ressemble à celui d'une mère.

« Chacun en a sa part et tous l'ont tout entier. »

Dans quelques instants, mes frères, après avoir achevé les prières que comporte la liturgie sacrée, nous allons nous rendre ensemble au Lycée et nous grouper autour du monument qui vient d'y être élevé à la mémoire de nos morts. Là, des voix autorisées vont commenter devant vous le sens patriotique et familial de notre émouvante manifestation.

Mais le rite religieux que nous accomplissons en ce moment ne comporte-t-il pas lui aussi un commentaire ? ne renferme-t-il pas un enseignement utile ? Votre vieil aumônier qui vient d'offrir le saint sacrifice de la messe pour ceux qui furent presque tous les fils de son esprit, comme ils seront plus que jamais les fils de son cœur, n'a-t-il pas lui aussi le devoir de vous montrer en quelques mots bien simples ce que l'expression de notre foi chrétienne peut ajouter de valeur à notre reconnaissance, de douceur à nos consolations, de force à la leçon qui se dégage de notre attitude.

Ah ! certes il n'est personne parmi nous qui n'ait pleinement conscience de la dette sacrée que nous avons contractée envers nos morts. N'est-ce pas grâce à eux en effet que nous avons échappé au sort des vaincus et nous savons ce qui nous attendait ? Ne nous ont-ils pas fait un rempart de leurs corps ? Ils ont dit à la Barbarie : « On ne passe pas ! » et elle a reculé. A l'heure où la vie les conviait au bonheur la voix de la Patrie s'est fait entendre appelant ses enfants à son secours : sans hésitation, sans regret ils ont couru au-devant du danger et ils sont allés à la mort comme à la parade. Ils sont tombés avec ce calme et cette sérénité d'âme qui prouvent combien ils avaient été préparés sérieusement à toutes les conséquences du devoir !

Mais si nous sommes convaincus de tout ce que nous leur devons, sommes-nous également sûrs que notre gratitude puisse les atteindre ? Puisqu'ils ne sont plus au milieu de nous, le témoignage de notre reconnaissance ne peut se reporter que sur un passé qui n'est plus, ne peut s'adresser qu'à une poussière sans nom !

C'est ce que nous crie l'évidence. Mais c'est là aussi que notre foi chrétienne vient au secours de notre raison et donne une précision rassurante à notre inquiétude naturelle.

Si nos héros sont tombés, s'ils sont morts, tout n'est pas fini pour cela : ils ne sont plus auprès de nous, mais ils vivent toujours, ils vivent même d'une vie plus belle, d'une vie complètement débarrassée des obstacles et des faiblesses de la nôtre. Nous avons même l'impression qu'ils sont près de nous, plus près encore en cet instant, qu'ils nous voient, nous entendent. Nos paroles émues ont donc un sens réel et de ce fait notre monument devient un acte de foi en l'au-delà, une protestation contre la possibilité même d'une séparation définitive, d'un anéantissement sans retour.

Oui, chers amis, j'en ai la certitude la plus absolue, vous n'êtes pas morts tout entiers, vous vivez par ce qu'il y a de meilleur en vous, ce que la mort brutale n'a pu atteindre. Vos corps ont pu être déchirés par la mitraille ; ils sont peut-être ensevelis dans ce chaos sans nom que sont nos régions dévastées ; vos âmes immortelles ont échappé à la catastrophe : c'est à elles et non au néant, au vide, à la poussière informe que vont le témoignage de notre admira-

tion et le tribut de notre reconnaissance ; c'est à elles que nous disons : « Merci » et « au revoir » !

Glorifier nos morts, rester constamment fidèles à leur mémoire, c'est bien ! Est-ce suffisant ? Je ne le crois pas !

En effet ils ne sont pas les seuls à avoir souffert pour nous, pour la Patrie. Avec eux et par eux, dans un foyer brusquement abandonné, d'autres êtres ont subi pendant des mois, des années peut-être, les tortures et les angoisses d'une véritable agonie morale : ce sont leurs parents, leurs épouses, leurs pauvres enfants ! Tous ont gravi un douloureux calvaire et vous savez, mes frères, qu'on souffre peut-être plus au pied de la croix que sur le bois du supplice ! N'est-ce pas en réalité leur propre chair qui a été meurtrie, leur sang qui a été répandu ?

Dès lors nous ne pouvons songer à séparer dans l'expression de notre gratitude et de notre sympathie ceux que Dieu a unis si intimement dans l'épreuve et l'immolation.

C'est pour cela que la cérémonie commémorative de nos morts est avant tout celle de leurs familles. C'est pour ces dernières que notre monument s'élève, symbole plus durable que l'impression qui découle d'un simple geste ou d'une parole de commisération.

Mais, bien que nous ayons emprunté à la pierre, au marbre, l'image de la fixité et de la durée de nos sentiments, nous n'ignorons pas, hélas ! que les œuvres humaines les plus solidement établies ne peuvent échapper à la dissolution et à la ruine ! Aussi, pour donner à nos consolations la portée des choses éternelles, nous vous avons groupés, parents de nos chers disparus, autour de l'autel de la prière et du sacrifice afin que Dieu vous donne ce que nous ne pouvons vous assurer.

Comme le divin Maître à la pauvre veuve de Naïm je vous dis : « Ne pleurez pas ! » Ou plutôt : « Ne pleurez pas comme ceux qui n'ont pas d'espérance. » Relevez-vous, reprenez courage, il vous reste encore des devoirs à remplir. Ceux que vous avez perdus vous seront rendus un jour. Ils sont auprès du Dieu de bonté et de miséricorde : qui les a cueillis sur les champs de bataille, leur a pardonné leurs faiblesses en considération de leur héroïque attitude et les a admis dans ses demeures éternelles :

Ils ont souffert, c'est une autre innocence;
Ils ont aimé, c'est le sceau du pardon !

Et vous, mes enfants, chers élèves de notre Lycée, serez-vous ce matin simples spectateurs du geste solennel de vos aînés ? Allez-vous revenir à vos études et à vos distractions sans avoir compris la grande leçon qui s'en dégage pour vous ? J'espère que non car cette dernière vous est indispensable !

La guerre, voyez-vous, est loin d'avoir définitivement résolu la crise qui en a été le prétexte. Au lendemain d'une paix que nous avions tous considérée comme devant toujours durer, voilà qu'il nous faut songer pour demain à la lutte et à l'effort, sinon pour la défense, du moins pour la restauration économique et morale de notre chère Patrie. Vos aînés, dont vous relirez chaque jour les noms glorieux sur le marbre de notre monument, ont lutté et ont succombé pour défendre la France envahie ; votre devoir à vous sera de panser ses blessures et de contribuer à sa reconstitution. Vous en êtes précisément les éléments nécessaires : vous êtes le sang nouveau qui doit ranimer notre organisme épuisé, les cellules vivantes qui doivent lui rendre sa pleine activité. Pour remplir cette mission il vous faudra, sinon autant de courage qu'à vos aînés, du moins autant de force morale et d'esprit de persévérance.

Vous avez cotoyé dans notre cher Lycée toutes les formes de la souffrance puisque, pendant toute la durée des hostilités vos études, vos classes, vos dortoirs ont regorgé de blessés ; mais vous étiez encore trop jeunes pour profiter de ce contact. Le monument que nous allons inaugurer dans quelques instants complètera votre formation morale à ce point de vue ; il sera pour vous la plus grande leçon de choses. Chaque jour il vous rappellera que la vie n'est pas une partie de plaisir, mais une lutte continuelle, qu'elle vous réserve plus d'épreuves et de déceptions que de joies et de satisfactions. Il vous dira surtout que la mort nous guette à chaque instant, qu'elle nous dépouille de tout et qu'il n'y a qu'une chose qui reste de nous, le bien que nous aurons fait et le devoir que nous aurons accompli sans égoïsme ni faiblesse !

Et maintenant, mes frères, élevons ensemble nos esprits et nos cœurs vers Celui qui est le maître de la vie et de la mort. Sans lui l'acte que nous allons accomplir serait stérile, éphémère et vide de sens ! En terminant les prières de la liturgie sacrée demandons-lui de répandre sur nos chers morts, sur leurs familles inconsolables, sur la France, sur nous tous enfin, un peu de son sang rédempteur. Qu'il donne à ceux qui nous ont quittés le repos éternel et à ceux qui restent l'invincible espérance de les retrouver un jour.

M. Lucien André, aux grandes orgues, en parfait artiste qu'il est, avait exécuté à l'entrée la Marche funèbre de Beethoven et à la sortie, celle de Chopin.

Il avait également donné sur le violon un beau « Largo » de Haendel, tandis que M. Coindeau chantait de sa voix puissante « l'Hymne aux Morts » de Bourgault-Ducoudray et le « Pie Jesus » de Stradella

En quittant l'église toute l'assistance, où l'on remarquait M. Villemaud, président du Tribunal civil, et M. Charles Henry, anciens présidents de l'Association, s'est rendue au Lycée par l'entrée de la rue du Collège, dont la porte était surmontée d'un faisceau de drapeaux tricolores.

Dans le grand vestibule, devant le monument recouvert d'un voile, les autorités ont pris place, parmi lesquelles M. Fleury, secrétaire général de la Préfecture ; M. le Premier Président et M. le Procureur Général, Mgr Flocard, évêque de Limoges ; le général Massenet, commandant le XIIe corps d'armée ; M. Patry, vice-président de la Chambre de commerce ; M. le docteur Raymondaud, directeur de l'Ecole de Médecine. Quand le voile dérobant aux regards le bas-relief qui est au centre du monument fut enlevé par un élève du Lycée, M. René Guillemot, directeur-rédacteur en chef du *Courrier du Centre*, président de l'Association des anciens élèves, s'avança et prononça le discours suivant :

Discours du Président de l'Association

Le 21 juin 1877 avait été inauguré solennellement le monument élevé par l'Association des anciens élèves du Lycée de Limoges à la mémoire de ses camarades morts pour la Patrie dans la guerre de 1870-71.

Nos archives ont perpétué le souvenir de cette cérémonie, à laquelle une foule émue et silencieuse, où paraissaient au premier rang les familles des victimes, les autorités

civiles et militaires, les fonctionnaires et les élèves du Lycée, faisait comme une garde d'honneur autour du modeste souvenir qui s'élevait à cette place.

Il avait donc fallu six années pour que fût payée cette dette de nos aînés. Nous avons subi, à notre tour, semblables vicissitudes.

Nous avons mesuré, nous aussi, combien les réalités complexes de la vie heurtent parfois les plus nobles pensées et à quel degré la tâche qui paraît la plus naturelle et la plus simple est difficile à accomplir. Ainsi, le désir de l'Association eût été de porter son hommage jusqu'à la hauteur où va son admiration pour nos morts et d'élever un monument de proportions plus imposantes dans le jardin d'honneur du Lycée.

Il a fallu pourtant nous incliner devant des nécessités d'ordre pratique. Voilà néanmoins notre effort terminé, grâce au concours du conseil d'administration du Lycée, qui, je le sais, n'a pu faire tout ce qu'il eût désiré ; grâce au dévouement de M. le Proviseur, de ses collaborateurs et des élèves ; grâce aussi à la fervente piété de nos camarades de l'Association envers nos morts et de tous ceux, parents ou amis, qui se sont associés si généreusement à notre initiative.

Ils n'attendent pas de moi de vaines louanges. Leur acte emporte avec lui sa récompense ; mais ils permettront au Président de l'Association des anciens élèves, fonctionnaires et anciens fonctionnaires du Lycée de leur dire ici, au nom de nos camarades, notre entière gratitude.

Mesdames,

Messieurs,

La guerre de 1870-71, si courte, si néfaste, avait fourni du moins à un petit nombre d'anciens élèves du Lycée de Limoges, l'occasion sublime de montrer les vertus de la race française.

Dix-neuf d'entre eux, parmi les meilleurs de nos familles, avaient été frappés mortellement dans les plaines de Lumeau, le parc de Chambord, les collines de Terminiers. Ils avaient vu planer sur eux, en expirant, l'ombre de la capitulation et de la défaite.

Ceux dont nous voulons exalter aujourd'hui le souvenir ont combattu pendant plus de quatre années dans les plus effroyables batailles que la mémoire des hommes ait jamais enregistrées. Du moins, à la minute suprême, ils ont pu sentir que les destinées de la France allaient s'accomplir et que leur sacrifice ne serait pas consenti en vain. Mais, que de douleurs vaillamment supportées, que d'abnégation, que de courage de chaque jour, à la fois contre la nature elle-même, dans la boue glacée des tranchées, et contre l'ennemi, depuis la mer jusqu'aux Vosges, dans l'enfer de Verdun, sur la Marne, sur la Somme, sur la Meuse, et dans cet Orient où les cruautés d'un climat meurtrier s'ajoutaient aux horreurs de la guerre ! Et quel acte de foi constant dans la vertu de leur cause, qui était celle de la Patrie ?

Certes, le premier respect que nous devons à de tels morts, c'est de ne point travestir leurs pensées, c'est de nous garder de solliciter complaisamment leur témoignage par delà la tombe pour nous en servir dans des vues toujours un peu subalternes de polémique et de parti. Nous ne chercherons donc pas à discerner dans la diversité de leurs origines, de leurs passions et de leurs croyances, ce que, précisément, ils ont pensé et voulu.

Mais nous savons bien, en revanche, ce que tous, ils n'ont pas voulu. Ils n'ont pas voulu que la France cessât d'être libre et fière. Ils n'ont pas voulu qu'elle connût la domination étrangère. Ils n'ont pas voulu que le plus riche patrimoine d'Histoire, de traditions, de beauté morale, joint au sol le plus merveilleux qui ait jamais sollicité le labeur humain, devînt la proie d'une ambition démesurée et d'une hypocrite barbarie.

Et cela seul, même s'il n'y avait pas des sources encore plus pures et plus idéales à leur sacrifice, nous commanderait d'élever leur mémoire sur les autels de la Patrie reconnaissante.

S'il était nécessaire de chercher pour elle une inspiration dans l'antiquité, nous dirions avec Simonide, célébrant les jeunes Hellènes tombés aux Thermopyles : « Ils ont pour tombe un autel ; on ne les pleure pas, on rappelle leur gloire ; on ne gémit pas sur eux, on les loue. » Les voici donc, réunis par leurs noms gravés sur le marbre, les 225 soldats de la grande guerre, anciens élèves et fonctionnaires du Lycée Gay-Lussac, qui vont trouver dans notre souvenir une vie toujours renouvelée.

Nous les avons assemblés dans la fraternité d'une pieuse commémoration avec leurs grands aînés de 1870-71, et avec les morts des guerres coloniales, tombés sous d'autres cieux, loin du réconfort du sol natal, pour un même idéal et dans une même foi.

Le courage est un, l'esprit de sacrifice est un, le patriotisme est un, et sous quelque latitude qu'ils se déploient, notre devoir est de les saluer, de les exalter, de les proposer comme un exemple et une leçon. L'Université de France aura la douloureuse fierté de reconnaître ses fils spirituels dans ces morts glorieux. N'est-ce pas elle qui leur a donné le pain de l'esprit, qui a façonné leurs jeunes âmes, et qui, ayant à faire d'eux des hommes de raison et d'intelligence, en a fait d'abord, dans la plus noble acception du terme, des citoyens ?

Tous égaux dans le sacrifice, ils sont trop nombreux, hélas ! pour que je consacre à chacun une notice, même brève, à l'exemple de mon prédécesseur en 1877, et notre louange, comme notre piété, restera anonyme.

Je veux pourtant noter d'un trait ce qu'un de nos anciens camarades a pu devoir à la formation de cette maison et à la tradition universitaire. Il était le fils d'un professeur du Lycée Gay-Lussac.

Répondant à l'appel du devoir, sans hésitation et sans faiblesse, il avait affronté d'une âme égale les premières batailles et les premiers dangers, et la veille d'un assaut, qu'il pressentait fatal, il écrivait à son père, le 23 septembre 1915, une lettre où le consentement à la mort et la vaillance française revêtent la beauté d'une simplicité antique. Il disait notamment : « Mon cher petit papa, c'est cette nuit que nous partons pour nous rapprocher du lieu du combat. L'action ne sera engagée probablement qu'après-demain, 25. Ce sera le moment de montrer à ces messieurs ce que nous sommes capables de faire. Notre bataillon sera, dans cette circonstance, bien épargné, car nous ne montons qu'à la quatrième ou cinquième vague. Oui, cher petit père, tu verras qu'après un an de guerre nous sommes capables de refouler l'envahisseur. J'en ai la convic-

tion et, tous, nous avons le désir de vaincre. Je crois que la vieille carcasse ne tremblera pas, mais si un moment de défaillance m'advenait je n'aurais qu'à penser à vous tous, à toi, à ma mère, à mes sœurs. J'aurais alors, de toi, le courage que tu as si bien su m'inspirer depuis mon plus jeune âge, l'amour de la patrie, et la façon de se sacrifier pour elle. Une fois encore, mon seul désir est que vous ayez un courage et une confiance inébranlables, et tout ira pour le mieux. »

Si la douleur dont s'enveloppe la mort de pareils héros peut s'atténuer d'une juste fierté, c'est bien celle qui nous étreint aujourd'hui devant cette liste funèbre.

La mâle vigueur et la probité du beau talent de M. Fix-Masseau ont tracé dans le marbre d'une façon impérissable à la fois la qualité de notre hommage et la leçon qui monte vers nous de cette guerre. Cette Gloire qui plane sur le soldat expirant, cette mère douloureuse, ces jeunes frères attentifs et graves dans leur recueillement, toutes ces générations enfin, disent assez haut le foyer sauvé et le flambeau jamais éteint par la vertu du suprême sacrifice. Un poète français a dit :

Le buste survit à la cité.

Notre prétention ne va certes pas au delà de la vie de la cité, mais, nous en sommes assurés : aussi longtemps qu'il y aura une cité, c'est-à-dire des hommes capables de se souvenir de ceux qui l'édifièrent dans la joie et dans la peine, capables aussi de se comprendre et de s'aimer à travers des siècles d'Histoire, il y aura autour de ce monument un universel respect. Nous le confions à la garde de l'administration du Lycée et de ceux qui perpétueront, dans l'avenir, notre chère Association. En attendant, nous disons à nos jeunes camarades : « Soyez les témoins des luttes tragiques par lesquelles la Patrie a pu durer. Ce n'est pas le livre de la Haine que nous ouvrons devant vous. C'est le livre du Souvenir. Retenez ces noms. Aimez ces noms. Ils ne vous enseignent pas seulement la beauté d'une mort héroïque pour un noble idéal. Ils vous dictent les plus hauts devoirs de la vie. Comprenez la grandeur émouvante du temps présent et la gravité du legs qui vous a été transmis. Un monde à refaire. Une patrie à recons-

truire. Un idéal de paix et de fraternité à instaurer dans l'Humanité. C'est dans la mesure où vous saurez, à votre tour, accomplir cette noble tâche que vous serez dignes de la mémoire de ceux dont les noms resplendissent au seuil de votre maison.

Pour nous, avant de nous incliner, une dernière fois, devant ce pieux symbole, nous avons encore à cœur de remercier ceux qui nous ont permis de l'édifier. M. Fix-Masseau, dont le talent si sincère et si équilibré s'épanouit dans ce bas-relief ; M. Geay, architecte du Lycée, un de nos dévoués camarades, qui nous a apporté, pour toute la partie le concernant, le concours le plus précieux et le plus désintéressé ; M. Honorat, praticien de talent et de conscience. Nos hommages et notre gratitude vont enfin à toutes les autorités présentes, à M. l'Inspecteur d'académie, qui nous apporte le témoignage de la haute sollicitude de l'administration universitaire.

Ont aussi des droits particuliers à notre respectueuse reconnaissance : M. l'Aumônier du Lycée, ainsi que M. le pasteur Guiraud, qui ont bien voulu apporter aux familles éprouvées les sublimes douceurs de la consolation chrétienne, en célébrant, à la demande de l'Association, une messe à Saint-Pierre et un service au Temple, et en joignant à leurs prières leur éloquence si hautement inspirée.

Ainsi les cœurs s'unissent et s'élèvent autour de nos morts, et nous savons mieux, aujourd'hui, que ces morts n'ont pas pu périr tout entiers.

Ils vivent en nous.

Nous vivons par eux.

M. Dessirier, proviseur du Lycée, prit ensuite possession du monument en ces termes :

Réponse de M. le Proviseur

Au nom du personnel et des élèves du Lycée Gay-Lussac, j'ai l'honneur d'adresser à M. le Président et à MM. les membres de l'Association des anciens élèves, mes vifs remerciements pour le dévouement qu'ils ont apporté à l'érection de ce monument, et d'en prendre possession avec l'autorisation de M. le Recteur et de M. l'Inspecteur d'Académie. Il est reçu dans les sentiments de respect et d'admiration qu'il mérite. Cette liste imposante de 246 noms prouve assez l'esprit de courage et de dévouement qui a toujours régné dans cette maison.

Les Anciens élevaient sur les bords de la mer des tombeaux en l'honneur des marins qui avaient disparu dans des régions inconnues. Ne pouvant y enfermer leurs corps, ils y inscrivaient leurs noms, après avoir rappelé l'ombre de ceux qui étaient l'objet de cette sépulture incomplète. Ce tombeau, vide et muet, avait sa signification et son langage : le nom gravé sur la pierre ressuscitait, devant les yeux de ceux qui l'avaient connu, l'image de celui qu'on ne voulait pas oublier ; il évoquait, pour les autres, l'apparition d'un homme énergique et brave que n'avaient point effrayé les hasards et les tempêtes des flots soulevés. Les passants, émus, lui envoyaient un souvenir admiratif.

Comment se défendre aujourd'hui d'une émotion de même nature ? En parcourant cette liste glorieuse, combien de jeunes gens réapparaissent aux parents qui les avaient amenés ici, aux amis qui les ont vus sourire, aux maîtres qui les ont instruits ! Semblables ils étaient, tous ceux dont les noms ont résonné dans nos couloirs, dans nos salles de classe et d'étude et qui, maintenant, revivent en lettres d'or sur ce palmarès glorieux. Volontiers, on leur dirait : « Non, vous n'êtes pas morts tout entiers, quelque chose de vous flotte encore dans notre lycée. Et ce quelque chose est ce qu'il y avait de meilleur en vous : le courage, la générosité.

Ames héroïques, vous revenez nous inspirer. Ceux qui vous succèdent dans ces murs, nos jeunes élèves, sont prêts à suivre vos traces, à continuer votre œuvre. Ils savent déjà que la vie dans l'isolement d'une indifférence égoïste est méprisable, qu'elle n'atteint son but qu'en partageant les efforts et les peines de la société où chacun se trouve. Ils seront comme vous, braves, dévoués ; ils feront honneur à leurs familles, à leurs maîtres et à leurs aînés.

M. Crévelier, Inspecteur d'Académie, représentant M. le Recteur, prit à son tour la parole et s'exprima ainsi :

Discours de M. l'Inspecteur d'Académie

Mesdames,

Messieurs,

Mes chers Enfants,

Je n'ai l'honneur de présider cette émouvante cérémonie que parce que M. le Recteur n'a pu y venir. Permettez-moi de regretter avec vous que le chef de l'Académie ait été retenu par des obligations sans doute impérieuses, car, mieux que personne, il doit compatir aux deuils de la guerre ; pour apprécier la douleur des autres il n'a qu'à regarder dans son cœur. Ce cœur douloureux est avec nous, en cette heure de tristesse et de gloire ; il serait bon que notre pensée se reportât vers lui, et, au souvenir des nôtres, unît un moment l'évocation de ceux qu'il pleure avec des larmes qui ne finiront pas.

Au nom du comité du monument, au nom du Lycée, je remercie les hautes personnalités qui ont bien voulu venir partager notre tristesse et s'associer à notre orgueil. M. le Préfet, absent de Limoges, s'est fait représenter par un de ses plus distingués collaborateurs. Nous connaissons trop son patriotisme et l'intérêt qu'il porte à notre maison pour ne pas croire qu'il regrette autant que nous cette absence. M. le général commandant le XIIe corps d'armée s'est souvenu que nos morts ont été ses frères d'armes, et sont tombés victimes des mêmes périls qu'il a eu la chance presque inespérée d'affronter sans y succomber. Nous le remercions de leur avoir apporté le salut de l'armée. Nous sommes particulièrement touchés de voir ici Mgr l'évêque de Limoges, mais nous n'en sommes pas surpris, car il a déjà marqué sa place partout où on peut trouver l'occasion d'exalter une vertu ou de se pencher sur une souffrance.

Nous avons à regretter l'absence de M. le Maire de la ville et de MM. les députés et sénateurs du département. Retenus à Paris par leurs travaux législatifs, ces Messieurs m'ont adressé, presque tous, des lettres de regrets touchantes. Il eût été intéressant de vous les lire, si le temps nous pressait moins. Je ferai une exception pour celle de

M. le sénateur Mazurier, si profondément émouvante qu'on en a le cœur serré :

« *Monsieur l'Inspecteur d'académie,*

» *Je ne me sens pas la force d'assister à l'inauguration du monument sur lequel sont inscrits les noms de mes deux seuls enfants. Ma pensée, je devrais dire mon cœur, sera avec vous ; mais je vous prie de bien vouloir excuser mon absence.* »

Enfin, je ne remercierai pas de leur présence ici les anciens camarades de nos morts, leurs parents, le personnel et les élèves du Lycée. On ne remercie pas qui remplit un devoir ou use d'un privilège. Je soulignerai seulement le respect ému avec lequel les uns et les autres se sont groupés autour de ce monument, qui a été érigé par les soins de tous et dont les derniers assumeront désormais la garde.

Vous avez déjà, vous qui m'écoutez, entendu quatre discours, où, avec une éloquence jusqu'à laquelle je ne puis espérer atteindre, M. le Pasteur, M. l'Aumônier, M. le Président de l'Association des Anciens Elèves et M. le Proviseur, qui ont tant fait l'un et l'autre pour ce monument, ont rappelé le souvenir de nos morts, déploré leur perte, proclamé leur héroïsme, et célébré pour la première fois le culte que leur mémoire doit recevoir, pendant le cours des âges, de nous et de nos descendants. Il reste quelque chose à dire. Des voix viennent de vous inviter à vous tourner vers le passé, la mienne vous demandera de regarder vers l'avenir. Nous sommes dans une maison d'éducation où les générations vont se pousser à l'infini, je veux dire aussi longtemps que la France sera une patrie. Dans ces conditions notre bas-relief ne doit pas être considéré seulement comme une œuvre d'art. De même que tout ce qui entre ici, il faut qu'il devienne pour vous, mes enfants, une leçon et un exemple.

Regardez les personnages qui le composent. Ne vous attachez pas, pour un moment, à l'élégance de leur forme, a l'art exquis avec lequel ils sont groupés, au rythme en quelque sorte musical qui règle leurs attitudes et leurs gestes, bref, à tout ce qui n'est que de la beauté, et fait de l'œuvre de Fix-Masseau le plus noble morceau de sculpture dont Limoges puisse s'enorgueillir, mais concentrez votre attention sur l'expression des visages, et vous serez frappés de voir à quel point la tristesse y est tempérée de sérénité. Permettez-moi une comparaison. Vous rappelez-vous avoir vu la campagne après l'orage, lorsque, les derniers nuages quittant le ciel, une lumière apaisée descend de nouveau vers la terre, poignardée par l'éclair et bouleversée par le vent, mais fécondée et comme ressuscitée par la bonne pluie qui accompagnait la tourmente ? Il passe alors dans l'air je ne sais quel souffle d'apaisement et de mélancolie. Ne dirait-on pas que ce même souffle vient de glisser sur le front des personnages de notre bas-relief ? Ainsi que le soldat mourant à leurs pieds, ils ne voient plus dans la mort que le fécond sacrifice ; ils ont conscience que, comme la pluie dont nous parlions à l'instant ranimait la glèbe, le sang versé par le soldat mourant a fécondé l'avenir.

Regardez-le, ce soldat, voyez avec quelle ferveur il fixe son espérance ! Il veut, on le sent, que ses yeux, en abaissant pour la dernière fois leurs paupières, renferment en lui à jamais une suprême vision, celle des générations pour lesquelles il a donné sa vie, et qui se dressent devant lui dans leur nudité chaste et saine, couronnée d'une beauté si fière qu'elle vaut une promesse de perpétuer à travers les âges, la tradition de dévouement et d'héroïsme qu'il vient d'illustrer par sa mort ! La mère qui, avec son sang, lui a transmis à lui-même ce sublime héritage le soulève afin qu'il voie mieux. Et personne ne pleure autour de lui, parce qu'un pareil moment est plus grand que les larmes, et aussi parce que les pleurs ne s'accordent pas avec l'espérance qu'impose à cette heure suprême la volonté d'un mourant.

J'aimerais, mes enfants, que vous méditiez, lorsque vous serez seuls, sur le sens profond d'une telle mort. Son horreur disparaît, aux yeux qui savent voir la solidarité des générations qui perpétuent la vie, et, comme les coureurs antiques, se transmettent ce flambeau sacré. Pour que la flamme en reste toujours pure et claire, il n'est pas de sacrifice auquel nous ne devions consentir. Et il faudra qu'au besoin vous sachiez mourir aussi pour préserver vos enfants de l'esclavage, de l'abdication et de la honte.

Il est à la mode, depuis quelques mois, de sembler croire

que le règne de la paix va descendre du ciel sur la terre, et qu'il suffira désormais qu'un loup bêle pour être transformé en agneau. C'est la grâce que je vous souhaite, mes enfants, mais il serait peut-être imprudent à vous d'y trop croire. Certes, j'aime la paix ; je l'aime et la désire avec une ferveur qui ne peut être dépassée. Mais si je me risque à regarder le monde, j'y vois encore bien des recoins sombres, où le mal rôde en nous guettant. Malgré tous nos soins, la guerre peut en jaillir un jour ou l'autre, et tomber sur vous ou sur vos enfants. Souvenez-vous alors, et faites qu'ils se souviennent, qu'on n'est digne de la vie que lorsqu'on sait bien mourir.

C'est dans cet esprit que l'Université veillera sur ce monument qui résume en lui seul tant de tombes. Que les parents des morts sachent, avant de se séparer de nous, que la mémoire de ceux qui leurs sont chers restera pieusement conservée, et que les flots de jeunes gens qui se succéderont sous ces voûtes où leurs aînés apprirent l'héroïsme sauront retirer et comprendre toute la leçon qu'elle contient.

Enfin, M. le général Massenet, d'une voix nette et vibrante, tint à associer l'armée aux grands souvenirs que les noms gravés dans le marbre évoquaient.

Il apporta l'hommage et la gratitude de la nation et adjura les jeunes élèves de ne pas oublier leurs aînés morts pour la Patrie. Son allocution d'un accent si mâle et toute vibrante de patriotisme produisit sur l'assistance une profonde émotion.

Ce fut, après, un long défilé devant le monument. Combien, ayant peine à dissimuler leur douleur, y cherchaient un nom qui leur est cher ! Mais ce furent aussi un grand réconfort, un apaisement, une source d'énergie nouvelle que trouvèrent en cette communion d'un jour dans la mémoire de nos morts les parents, les frères, les épouses, les fils, les amis de ceux qui se sont immolés au salut de la France.

LYCÉE GAY-LUSSAC

NOS MORTS

1870-1871

ARDANT DU PICQ (CHARLES-JEAN-JACQUES-JOSEPH).
BAIGNOL (PAUL).
BARDINET (ALPHONSE).
BEAUNE-BEAURIE (GABRIEL DE).
BLONDY (JULES).
COSTE (VICTOR-JEAN-BAPTISTE).
DEFFUAS (P.-A.-JUSTIN).
DESGRANGES (LÉON).
DESVIGNES (PIERRE-ALEXIS).
GAUTHIER (RAOUL-GABRIEL-NICOLAS).
GUILLEMOT (FÉLIX).
JUDE-LACOMBE (ETIENNE-LUCIEN).
LANGLE (FRANÇOIS-EMILE).
LAPORTE (JEAN-BAPTISTE-EDOUARD).
LARUE-DUBARRY (PAUL).
PÉRET (HENRI).
PONCET DES NOUAILLES (EDGAR).
TEILLIET (PIERRE-THÉOPHILE-ARSÈNE).
VIGNAUD-DUPUY DE SAINT-FLORENT (EDMOND-GUSTAVE-EDOUARD).

1907

GUILLEMOT (PIERRE), de l'infanterie coloniale, mort le 19 août 1907 en Afrique occidentale, au cours d'une expédition contre les Pahouins.

1913

MALLET (ANDRÉ), Médecin-Major au 8e sénégalais, tombé à Sidi-Alibou-Brahim (Maroc) le 28 avril 1913.

1914

ANGELBY (EMILE), Lieutenant-Colonel d'infanterie, officier de la Légion d'honneur.

AUROUSSEAU (RENÉ), Sous-Lieutenant d'infanterie, fils du Colonel Aurousseau, tué lui aussi.

AUROUSSEAU (ROGER), Sous-Officier d'infanterie, frère du précédent.

AUZEMÉRY (PAUL), Sous-Officier au 63e d'infanterie, tué le 21 septembre 1914 devant Jonchery-sur-Suippes.

BAYLE (ALFRED), Brigadier au 20e dragons, blessé le 5 octobre et mort à Arras le 6 octobre, proposé pour la Médaille militaire.

BERGER (ARSÈNE), Capitaine d'infanterie, tué le 17 novembre 1914.

BONAUD (RENÉ), Caporal au 63e d'infanterie, mort à La Courtine, le 20 octobre 1914.

BOUCHERON (RENÉ), Sergent au 78e d'infanterie, a disparu le 28 août 1914 au combat de Rancourt (Ardennes).

BOUDIER (MAURICE), Docteur en droit, Soldat au 109e d'infanterie, tué le 10 septembre à Sompuis (Marne).

BOUTOT (ROBERT), blessé à Le Chesnes (Marne), mort a Mirabeau-de-Tours le 6 septembre.

BRUGERIE (RENÉ), Soldat au 78e d'infanterie, tué à La Pompelle le 24 septembre.

BUTRUILLE (LÉON), Capitaine au 2e tirailleurs algériens, Chevalier de la Légion d'honneur, Médaille du Maroc, disparu le 20 septembre 1914 au bois de Saint-Mard.

CHABROL (GABRIEL), Commandant la 15e brigade d'infanterie, tué en Belgique le 22 août 1914.

CHAMBOUNAUD (GUSTAVE), Sergent au 263e d'infanterie, tué le 28 août 1914 au premier combat de Sailly-Sallisel (Somme).

DARIO (PIERRE), Soldat au 11e régiment d'infanterie, tué le 27 septembre 1914 à Saint-Jean-de-Tourbe (Marne).

DELAGE (FERNAND), Soldat au 226e d'infanterie, tué le 27 décembre 1914 à Carency.

DUROUX (LOUIS), Lieutenant au 55e régiment d'artillerie, tué le 10 septembre 1914 à Issoncourt (Meuse), cité à l'ordre de l'armée.

ELIE (ROGER), Sous-Lieutenant au 86e d'infanterie, tué le 20 août 1914 à Imlingen (Lorraine).

FABRE (HENRI), Capitaine au 2e zouaves, tué le 21 décembre aux attaques de Champagne (Moulin de Souain).

GASNERIE (AUGUSTE DE LA), Capitaine au 117e d'infanterie, tué le 31 août à Montigny-sur-Meuse.

GENÊTEIX (ULYSSE), Maréchal des logis à la 2e batterie du 52e régiment d'artillerie de campagne, tombé à Blagny (Ardennes) le 24 août. Médaille militaire, Croix de guerre.

GOURSAUD (MAURICE), Sous-Lieutenant au 263e d'infanterie, tué le 5 octobre à Popincourt (Somme).

GRIMODIE (LOUIS), Soldat au 63e d'infanterie, tué à Raucourt le 28 août 1914.

LA RIVIÈRE (JACQUES), Capitaine au 42e d'infanterie, Chevalier de la Légion d'honneur.

LAURENT (HENRI), Sergent au 135e d'infanterie, tué le 25 octobre à Zonnebecke (Belgique).

LEBLANC (CHARLES), Caporal au 338e d'infanterie, tué le 28 août au Transloy (Pas-de-Calais).

LEFAURE (AUGUSTE), Adjudant au 63e d'infanterie, tombé le 21 décembre à Jonchery (Marne). Citation, Croix de guerre, Médaille militaire.

LIAL (AUGUSTE), Sous-Lieutenant au 78e régiment d'infanterie, disparu le 21 décembre à Jonchery, mort à l'ennemi à cette date.

LOMBARD (GEORGES), Lieutenant au 338e d'infanterie, tué le 18 octobre devant Fouquescourt (Somme). Croix de guerre, Légion d'honneur.

MAITRE (HENRI), chargé de mission en Indo-Chine, massacré avec tous ses miliciens à Méra, le 31 juillet 1914.

MAZURIER (RENÉ), Soldat d'infanterie, tué à Jonchery le 21 décembre. Croix de guerre, Médaille militaire.

MONTGEOFFRE (JEAN-BAPTISTE), Lieutenant de réserve au 173e d'infanterie, tué au Combat du bois Bouchot (Meuse) le 28 décembre. Deux citations, proposé pour capitaine.

NEPVEU (Gaston), Capitaine au 7e d'infanterie, blessé le 26 septembre au ravin de Beauséjour, mort le 8 décembre à Mersebourg (Allemagne). Une citation, Chevalier de la Légion d'honneur.

PAULIAT (Joseph), Capitaine d'infanterie.

PÉCOUD (Roger), Sous-Lieutenant au 23e d'infanterie, tué le 1er septembre, sur la frontière de l'Est.

RABACHE (Emile), Sous-Lieutenant au 338e d'infanterie, tombé le 28 août à Le Transloy. Une citation, Légion d'honneur, Croix de guerre avec palme.

REIX (Félix), Soldat au 78e d'infanterie, tué à la bataille de la Marne. Croix de guerre, Médaille militaire.

RIVET (André), Caporal au 321e d'infanterie, tué dans une tranchée de l'Aisne, le 20 septembre.

ROUFFIGNAC (Victor), Adjudant-Chef au 2e zouaves, décoré de la Médaille militaire et de la Médaille du Maroc.

ROUGERIE (Pierre), Caporal au 1er régiment d'infanterie coloniale, blessé le 21 décembre à Mametz (Somme) et mort de ses blessures le 31 décembre.

SAZERAT (Aimé), Médecin auxiliaire au 4e génie, tué à Matexey (Meurthe-et-Moselle) le 9 septembre.

SUREAU (Alphonse), Sergent au 263e d'infanterie.

TAILLEUR (Léonard), Brigadier au 21e chasseurs à cheval, tué le 3 novembre à Bischoote (Belgique).

THOMAS (Albert), Lieutenant au 4e régiment d'artillerie de campagne, tué le 1er septembre au plateau de Mendray (Vosges).

THOMIRE (Henri), Capitaine au 144e d'infanterie, tué à Morhange en août. Chevalier de la Légion d'honneur.

VAUTOUR (Emile), Sergent au 63e d'infanterie, tué en Champagne le 21 décembre.

VOUZELLE (Pierre), Lieutenant d'infanterie.

1915

BARDON (Henri), Lieutenant au 3e régiment du génie, tombé le 11 juin. Croix de guerre. Deux citations.

BERTRAND (Henri), Sous-Lieutenant au 53e d'infanterie, blessé le 17 mars à Beauséjour, a succombé le 2 avril. Légion d'honneur, Croix de guerre.

BIRONNE (Emile), Soldat au 122e d'infanterie, blessé le 15 avril à Mesnil-les-Hurlus, mort le 28. Médaille militaire, Croix de guerre avec étoile de bronze.

BLANCHER (Pierre), Rédacteur principal des Contributions directes, Sergent au 99e territorial, mort à l'hôpital militaire de Clermont-Ferrand le 7 février.

BOIS (Louis), Caporal au 20e régiment d'infanterie, porté disparu aux attaques de Perthes-les-Hurlus le 16 février.

BOSSOUTROT (Camille), Caporal-fourrier au 278e d'infanterie, tué le 29 avril à Villers-aux-Flots (Pas-de-Calais).

BOUDIER (Paul), Docteur en droit, Caporal au 10e régiment d'infanterie, tué le 26 mars.

BOUFFARD (Léon), Capitaine d'infanterie coloniale, décédé le 5 mars.

BOURDEAU d'ANTONY (Jean), Lieutenant au 25e d'artillerie, tué près de Verdun.

BOUTET (Marius), Sous-Lieutenant au 90e d'infanterie, tué le 17 juin.

BREILLOUX (Louis), Réserviste au 11e d'infanterie, décédé à l'hôpital Corbineau, à Châlons-sur-Marne.

BRUGÈRE-DUPUY (Louis), Chef de bataillon au 151e d'infanterie, tué à Auberive le 6 octobre.

BRUNOT (Jean), Médecin auxiliaire à la 12e section, tué en soignant les blessés sur la ligne de feu.

CHÉNEAUX (Gustave), Professeur de droit à la Faculté de Bordeaux, engagé volontaire à 47 ans, puis Aspirant et proposé pour sous-lieutenant, tué aux Eparges fin avril.

CONDEMINE (Jean), Engagé volontaire dans un régiment de cuirassiers, envoyé, sur sa demande, au 57e bataillon de chasseurs, tué en juin près d'Arras.

COUSTY (Henri), Conducteur des ponts et chaussées, Sergent au 7e génie, mort des suites de ses blessures.

DECOUDIER (René), Sergent au 162e d'infanterie, tombé sous Verdun le 18 mars. Croix de guerre, Médaille militaire.

DEGORCEIX (Louis), Soldat à l'équipe téléphonique du 126e d'infanterie, tombé le 9 avril 1915. Croix de guerre avec étoiles en bronze, une citation.

DELHOTE (François), Sergent au 152e d'infanterie, tué le 21 décembre à l'attaque de l'Hartmannweillerkopf.

DESGORCES (Henri), Médecin auxiliaire au 2e zouaves, tué le 7 janvier, au bois de Saint-Mard, en soignant un blessé.

DESPAUX (André), Adjoint de 1re classe à l'intendance, est mort le 8 mai 1915, à l'hôpital militaire d'Angoulême, des suites d'une pleurésie contractée en service.

DEVAUX (Pierre), Médecin auxiliaire du 6e régiment du génie, tué à Fère-Champenoise en soignant un soldat blessé. Une citation.

DEVILLE (Julien), Capitaine d'infanterie, tué le 5 mars.

DEVILLE (Marcel), Soldat au 7e d'infanterie, tué le 2 décembre.

DUCHÉNOIS (Henri), Sous-Lieutenant d'infanterie.

DUCHET (Louis), Lieutenant-Colonel, tué le 7 octobre.

DUCROS (Jean), Ancien élève de l'Ecole normale supérieure, Sous-Lieutenant de réserve au 158e d'infanterie. Cité à l'ordre du jour de l'armée.

FARGES (Augustin), Sous-Lieutenant au 263e d'infanterie, décédé le 5 octobre à Popincourt (Somme).

FAUVET (Roger), tué à Roclincourt le 24 janvier.

FOUREST (André), Sous-Lieutenant de cavalerie, détaché au 63e d'infanterie comme officier de liaison, mort à l'hôpital militaire le 25 novembre. Croix de guerre.

GADOFFRE (François), Lieutenant-Colonel du 3e régiment d'infanterie coloniale, fait prisonnier à Maubeuge, mort à Nice en 1915.

GASNERIE (Charles de La), Chef de bataillon au 26e d'infanterie, tué le 9 avril. Trois citations, Chevalier de la Légion d'honneur.

GEOFFROY (Henri de), Capitaine au 25e d'infanterie.

GIZARDIN (Elie), Timonier breveté au 1er régiment de fusiliers marins, tué le 6 décembre sur les bords de l'Yser. Médaille du Maroc.

GRELAUD (Georges), Aspirant au 88e d'infanterie, tué le 16 juin près d'Arras. Une citation, Croix de guerre avec palme.

JANAUD (Aristide), Agent de liaison au 107e d'infanterie, tué le 25 septembre au Labyrinthe.

JOUHANNEAUD (Charles), Adjudant au 300e d'infanterie, tombé à La Pompelle le 29 octobre (gaz asphyxiant).

JOURDE (Ernest), Lieutenant au 37e colonial, tué le 1er mars à La Chapelotte. Chevalier de la Légion d'honneur.

LALLAY (Jacques), Sergent au 78e d'infanterie, tué le 25 septembre à Roclincourt, en Artois. Une citation, Croix de guerre avec étoile d'argent.

LAPORTE (Pierre), Engagé volontaire au 126e d'infanterie. Sous-Officier au 43e d'infanterie, entre à Saint-Maixent ; Sous-Lieutenant reprend sa place au front et tombé le 29 juin. Médaille militaire, Croix de guerre avec palme.

LAVALLETTE, Sous-Lieutenant au 61e d'infanterie, tué le 4 juillet au combat de Notre-Dame-de-Lorette. Une citation.

LÉGER (Germain), Caporal au 1er groupe des chasseurs cyclistes.

MAGNONAUD (Frantz), Sous-Lieutenant au 170e d'infanterie, blessé grièvement aux Eparges le 5 avril, mort le 6 à Verdun. Chevalier de la Légion d'honneur.

MARCHEGUET (Georges), Sergent au 22e colonial, tombé aux combats de Massiges le 6 novembre.

MAGRANGEAS (René), Sous-Lieutenant de réserve au 126e d'infanterie, tué au combat de Régneville le 9 avril. Une citation, Croix de guerre avec palme.

MAURY (Gaston), Sergent au 68e d'infanterie, blessé aux environs d'Ypres le 13 janvier, mort à l'hôpital de Saint-Pern (Ille-et-Vilaine).

MAZEN (Arsène), Lieutenant au 78e d'infanterie, tué le 13 avril à Flirey. Une citation, Croix de guerre.

MEYNET (Charles), Médecin aide-major au 126e d'infanterie, tué le 7 avril à La Faye-en-Haye (Meurthe-et-Moselle). Croix de guerre, Chevalier de la Légion d'honneur.

NEVEU (MARCEL), Sergent au 42e d'infanterie, tué le 25 septembre.

PALLOT (JEAN), Sous-Lieutenant au 78e d'infanterie, tué à Flirey (Lorraine) le 13 avril. Croix de guerre avec palmes, Chevalier de la Légion d'honneur.

PERRIER (MARTIAL), Sous-Lieutenant au 168e d'infanterie, blessé trois fois et tué le 12 mai au bois Le Prêtre.

PLAINEMAISON (HENRI), Soldat au 9e d'infanterie, tué à Perthes-les-Hurlus le 5 mars.

PORNIN (JEAN), Brancardier au 50e d'infanterie, tué le 16 octobre. Une citation.

PRADEAUD (MARCEL), Aspirant au 107e régiment d'infanterie, blessé le 10 septembre, mort de ses blessures à Paris, dans un hôpital. Une citation.

PRÉVOST (JOSEPH), Capitaine au 107e d'infanterie, tué près d'Arras le 25 septembre, au combat d'Ecurie. Croix de guerre, Chevalier de la Légion d'honneur.

RAYNEAUD (LUDOVIC), Capitaine au 131e d'infanterie, tué en Champagne le 12 octobre. Nombreuses citations, Légion d'honneur, Croix de guerre, Médailles commémoratives de Chine et du Maroc.

RENAUDIE (ROGER), Sous-Lieutenant au 78e d'infanterie, blessé le 21 décembre, mort à Vitry-le-François le 28 janvier. Une citation.

REY (LÉONCE), Sous-lieutenant au 80e d'infanterie, tué le 19 mars à Mesnil-les-Hurlus.

SARTRE (ALBERT), Sous-Lieutenant au 162e d'infanterie, tué le 13 septembre.

SÉGUIN (JEAN), Sous-Lieutenant au 122e d'infanterie, tué en Champagne le 14 mars. Une citation.

SOULIER (ANDRÉ), Caporal au 9e d'infanterie, tué près d'Arras le 3 juin.

STRZALKOWSKY (ADRIEN), Soldat au 54e d'infanterie, tombé le 25 avril à la tranchée de Calonne.

STRZALKOWSKI (JEAN), Soldat au 54e bataillon de chasseurs alpins, tué le 9 septembre à Barrenkof (Alsace). Une citation

1916

ANGLARD (Jean), Chasseur au 1er groupe cycliste, mort dans une collision de trains transportant des troupes.

AUZENAT (Georges), Soldat au 32e bataillon de chasseurs alpins, grièvement blessé le 15 décembre et mort de ses blessures. Trois citations.

BARBOU des COURRIÈRES (Roger), du 9e bataillon de chasseurs à pied, tué à Vaux-lès-Palamey, près Verdun, le 21 février. Croix de guerre et citations au corps d'armée.

BARIL (Marcel), Rédacteur à la Préfecture de la Haute-Vienne, Caporal fourrier au 106e d'infanterie, blessé sous Verdun le 24 juin, a succombé le 3 juillet. Une citation. Croix de guerre.

BONNEAU (Marc), Canonnier infirmier au 17e d'artillerie, tué à son poste le 7 septembre.

BROUILLOU (Henri), Rédacteur à la Préfecture de la Haute-Vienne, Engagé volontaire au 120e bataillon de chasseurs, tué sous Verdun le 15 juin.

CHÈZE (Armand), Aspirant au 31e d'infanterie, tombé le 13 janvier à Vauquois. Une citation, Croix de guerre avec palmes.

DEFAYE (Adrien), tué sous Verdun le 11 avril.

DEGUDE (Henri), tué en 1916.

DESCUBES (Edmond), Capitaine au 63e d'infanterie, mort le 20 décembre à Biaches (Somme). Croix de guerre. Deux citations.

DEVAUX (Armand), Aide-Major au 4e d'infanterie, tué devant Verdun le 18 novembre.

DUBOIS (Marcel), Lieutenant au 12e cuirassiers, décédé le 3 septembre des suites de maladie contractée au front.

DUPONT (Louis), Sergent au 138e d'infanterie, tué à Bras, près Verdun. Proposé pour la Croix de guerre.

FERRAND (Henri), Soldat mitrailleur au 6e d'infanterie, tué à la côte 304 (Meuse) le 1er juillet.

GOUMY (Albert), Sergent au 107e d'infanterie, tué le 28 avril à la côte du Poivre (Meuse). Une citation.

LABROUCHE (Albert), Sous-Lieutenant observateur en avion à l'escadrille F. 44, tombé le 11 juillet pendant un vol de réglage. Croix de guerre avec palme.

MALAPERT (Roger), Mort en 1916.

MAYADOUX (Jean), Lieutenant au 63e d'infanterie, blessé mortellement le 10 mars. Chevalier de la Légion d'honneur.

MEYNIER (Gabriel), Sergent au 43e d'infanterie, blessé le 3 septembre au combat de Maurepas (Somme), meurt à Amiens le 6, des suites de ses blessures.

NOUGER (Georges), Sous-Lieutenant au 63e d'infanterie, tué devant Thiaumont (Meuse) le 24 janvier. Une citation à l'ordre de l'armée.

PANTET-DEPLAND (René), Lieutenant au 297e d'infanterie alpine, tué le 28 juin à Thiaumont. Plusieurs citations.

PATRY (Eugène), Sergent au 401e régiment d'infanterie, tué le 25 septembre à Vaux-Chapitre. Médaille militaire.

PEYRUSSON (René), Sous-Lieutenant au 338e d'infanterie, tué le 19 décembre. Croix de guerre avec palme.

PINEAU (Louis), Sous-Lieutenant au 2e tirailleurs, malade par suite de surmenage n'a consenti à être évacué de Verdun que le 2 août, est mort trois jours après à Vitry-le-François. Légion d'honneur. Croix de guerre avec étoiles de vermeil.

PITANCE (Louis), Engagé volontaire à 17 ans, Aspirant au 25e bataillon de chasseurs à pied, tué le 5 juillet au combat de Damloup (18 ans). Croix de guerre. Médaille militaire.

POITEVIN (Louis), Sergent au 220e régiment d'infanterie, tué le 7 septembre à Fleury (Meuse). Une citation.

REYGONDEAUD (Pierre), Lieutenant, décédé à Dompierre le 26 septembre, des suites de sa chute de cheval dans un trou d'obus.

ROBERT (Clément), Lieutenant au 100e régiment d'infanterie, tué le 20 février à Domgevin (Meurthe-et-Moselle). Croix de guerre, Chevalier de la Légion d'honneur.

SERRE (Maurice), Sergent au 138e d'infanterie, tué le 5 mars dans l'accomplissement d'une mission. Deux citations.

SOUBRENIE (JEAN), Caporal fourrier au 63e d'infanterie, décédé de maladie contractée au front le 23 janvier, à l'hôpital de Pessac (Gironde).

TERRIER (PIERRE). Sergent au 43e d'infanterie, tué le 25 septembre à l'attaque de Combles. Une citation.

TINUS (MAURICE), Sous-Lieutenant au 335e d'infanterie, tué le 4 janvier au Signal de Xon. Croix de guerre. Chevalier de la Légion d'honneur.

1917

AJUSTE (LOUIS), Soldat au 328e régiment d'infanterie, tué le 1er août au bois d'Avaucourt (Meuse).

AGUTTES (MARCEL), Lieutenant au 64e bataillon de tirailleurs sénégalais, tué le 16 avril.

AUBEY (MAURICE), Sous-Lieutenant (1re compagnie de mitrailleurs) du 158e d'infanterie, blessé mortellement le 11 mars à Vau devant Damloup. Deux citations.

BEAUDEQUIN (RENÉ), Lieutenant, commandant une compagnie du 1er léger, tué le 8 avril.

BONNAFY (LOUIS), Sergent au 68e d'infanterie, tué le 10 janvier à Bouchavesnes. Trois citations. Médaille militaire.

BOUDET (ALFRED), Capitaine au 338e d'infanterie, tombé le 20 mai au Moulin de Laffaux. Trois citations, Légion d'honneur.

BOUTOT (PAUL), Lieutenant au 247e d'infanterie, tué le 16 août, au nord de Bezonvaux.

BRÉGÉRAS (HENRI), mort le 25 octobre à la Malmaison.

DESBRIÈRES (ANDRÉ), Médecin auxiliaire au 102e d'artillerie lourde, tué le 22 septembre en Italie. Médaille militaire, Croix de guerre.

DESBROUSSES (ERIC), Aspirant au 52e d'infanterie, mort à l'hôpital d'évacuation de Vierzy (Aisne) le 27 octobre.

DESSAL (LOUIS), Aspirant au 110e d'infanterie, tombé le 16 avril à Craonne.

DUPUY (LÉO), Sous-Lieutenant observateur, escadrille 105, blessé dans une chute d'avion est mort des suites de ses blessures. Trois citations.

EYSSARTIER (MAURICE), Sergent au 43e d'infanterie, tué le 15 novembre à Craonne. Deux citations.

FAURE (ANDRÉ), Cavalier mitrailleur au 20e dragons, tue le 8 novembre. Une citation. Croix de guerre. Médaille militaire.

FERRAND (MAURICE). Mort en 1917.

GALTIER (FERNAND), Professeur de 2e au lycée, Capitaine au 14e d'infanterie, tué devant Verdun.

GIBERT (JEAN), Soldat au 76e d'infanterie, tué au combat de Chevreux (Plateau de Craonne), le 5 octobre.

KERVRAN (LOUIS), Enseigne de vaisseau, s'est précipité sur une torpille, tombée à bord de son bateau, pour la rejeter à la mer, mais périt victime de son dévouement.

LIPS (LOUIS), tué le 19 avril au nord-ouest de Reims.

LOFFICIER (PIERRE), Sous-lieutenant au... d'infanterie, tué en Champagne le 4 juin.

MARBOUTY (HENRI), Maréchal des logis pilote, tué le 18 août. Croix de guerre et Médaille militaire.

PICOUT-LAFOREST (EUGÈNE), Soldat au 107e d'infanterie, est mort à l'hôpital de Saint-Nazaire, d'une maladie contractée au front.

PLANCHAT (MARCEL), Lieutenant de vaisseau, Commandant du contre-torpilleur d'escadre *Doxa*, coulé au détroit de Messine le 27 juin. Croix de guerre avec palme. Chevalier de la Légion d'honneur.

POUTARAUD (FERNAND), Engagé volontaire au 21e régiment de chasseurs, tué le 27 juin, sur la butte de Souain. (19 ans). Une citation. Croix de guerre.

RAVEL (GEORGES), Lieutenant mitrailleur au 202e d'infanterie, trois fois blessé, tué le 25 octobre, au bois le Chaume. Trois citations. Croix de guerre à une étoile.

STEPHAN (HENRI), Sous-lieutenant au 8e d'infanterie, tué le 16 avril devant Craonne, au bois de Chevreux. Trois citations. Chevalier de la Légion d'honneur.

TAILHADE (PIERRE), Capitaine au 2e Tirailleurs algériens, Chef du service des renseignements, tué à Sidi-Lamine (Maroc), le 20 octobre. Médaille coloniale du Maroc. Croix de guerre.

TANDEAU (Marcel), Soldat au 117e d'infanterie, tué le 23 mai à son poste de combat. Une citation. Médaille militaire.

TASCHER (Pierre de), Sergent mitrailleur au 2e régiment de marche d'Afrique (armée d'Orient), tombé le 19 avril. Croix de guerre.

TEREYGEOL (Charles), Engagé volontaire au 21e chasseurs à cheval, versé aux autos-mitrailleuses, puis muté, sur sa demande dans l'aviation, est tué dans une chute d'avion le 4 novembre, à Istres. Une citation.

1918

BERNARDAUD (Pierre), Soldat au 12e T. E. M., décédé le 17 octobre, à Beauvais. Une citation.

BOISRAMET (Pierre), Avoué à Rochechouart, Adjudant au 338e d'infanterie, tué le 28 juillet à l'attaque de Fère-en-Tardenois Deux citations. Croix de guerre avec étoile de bronze.

BORDE (Maurice), Brancardier à la 10e Division coloniale, puis successivement soldat au 43e, au 162e d'infanterie, au 53e régiment d'infanterie coloniale, décédé le 22 octobre à l'hôpital n° 4 B (gaz asphyxiants), devant Louppy (Meuse).

BUSNEL (Marcel), Capitaine au 283e d'infanterie, tué le 8 mars au Camp de César, à Berry-au-Bac. Chevalier de la Légion d'honneur.

CHABROL (Georges), Mitrailleur au 360e régiment d'infanterie, tué le 5 septembre. Une citation, Croix de guerre.

COUTY (Jean), Sergent à la 7e section d'infirmiers, mort à l'hôpital de Rambervilliers (gaz asphyxiants) le 24 novembre.

DESFOS (Roger), Maréchal des logis, pilote à l'escadrille S. O. P. 60. Trois citations, Médaille militaire.

DESSAGNE (Charles), Médecin Aide-Major au 31e bataillon de chasseurs à pied, tué à Lor (Ardennes) le 25 octobre. Quatre citations.

DORAT des MONTS (Roger), Sous-Lieutenant au 63e d'infanterie, tué le 18 octobre. Croix de guerre.

DUFOUR (Martial), Soldat au 16e bataillon de chasseurs à pied, tué à l'attaque de Chestres le 1er novembre. Trois citations.

DUMAS (Jean-Baptiste), Caporal au 14e d'infanterie, décédé le 21 novembre des suites de maladies contractées au front.

DUMOULIN (André), Pharmacien auxiliaire 12e section d'infirmiers, mort le 3 octobre. Croix de guerre.

FAURE (Pierre), Engagé volontaire, Aspirant, tué le 18 avril.

GÉRARD (Raymond), Engagé volontaire, Caporal brancardier à la 12e section d'infirmiers, intoxiqué à Fisme, fin mai, il mourut le 8 septembre à Mandres-sur-Vair (Vosges).

GITTARD (Emile), Sergent au 412e d'infanterie, tué le 21 juillet. Trois citations, Croix de guerre.

GRENIER (Marcel), Capitaine au 23e d'artillerie, décédé des suites de maladie contractée au front le 13 octobre. Croix de guerre.

GUIONIE (Ambroise), Chef de bataillon au 43e colonial, blessé à Maricourt (Somme) le 27 septembre 1914, amputé de la jambe gauche et mort de ses blessures. Officier de la Légion d'honneur, Croix de guerre, Médaille coloniale, Etoile Noire du Bénin.

JANICOT (Raymond), Capitaine adjudant-major au 338e d'infanterie, tué à Mont-Notre-Dame (Aisne). Trois citations, Croix de guerre avec palme, Légion d'honneur sur le champ de bataille.

LAVAUD (Robert), Cavalier de 1re classe au 4e régiment de dragons, tué au Mont Kemmel le 29 avril. Une citation.

LEMASSON (Martial), Sous-Lieutenant au 414e régiment d'infanterie. Croix de guerre avec palme, Légion d'honneur.

MAREST (Théodore), Docteur en droit, Sergent d'infanterie.

MASSOULARD (Roger), Conducteur au 5e C. A., tué le 28 octobre à Saint-Quentin-le-Petit. Deux citations.

MAZURIER (Jean), tué le 14 septembre.

MEYNIER (Albert), Caporal au 2e régiment du génie, tué le 13 août. Une citation.

MOUNIER (Georges), Sergent au 138e d'infanterie, mort le 2 novembre des suites de maladie contractée au front.

NICOLE (Albert), Soldat téléphoniste au 224e d'infanterie, tué à son poste de combat le 20 juillet à Saint-Remy-Blanzy. Une citation.

PANNETIER (Pierre), Lieutenant au 49e d'artillerie, mort à Niort le 5 février. Quatre citations, Chevalier de la Légion d'honneur.

PENOT (André), Sous-Lieutenant d'artillerie au 220e, blessé le 18 avril et décédé le 21 des suites de ses blessures.

PUEL (Jean), Soldat au 28e d'artillerie, décédé à Troyes le 24 octobre.

REBY (Henri), Pilote à l'escadrille B. R. 104 de la division marocaine, tué le 18 juillet dans l'accomplissement d'une mission à Vierzy (Aisne). Une citation.

SIRIEIX (Robert), Agent de liaison au 17e d'infanterie, tué le 4 avril au bois de Montgival (Somme).

TROUBAT (André), Sous-Lieutenant au 43e d'infanterie, décédé des suites de ses blessures le 2 avril.

VIALLARD (Louis), Sous-Lieutenant au 103e d'infanterie, tué au Kemmel le 25 mai. Croix de guerre, Légion d'honneur.

VOUZELLE (André), Soldat au 172e d'infanterie, décédé à Limoges des suites de ses blessures le 6 février.

1919

CORNIL (Augustin), Sous-Lieutenant d'artillerie, mort à Salonique le 11 février.

PÉRIGAUDON (Elie), Sergent fourrier à la 20e section E. M. R., décédé dans un hôpital de Saint-Nazaire, le 2 mars, des suites de maladie contractée au front.

1920

FRANGNE (Maurice), Lieutenant au 412e d'infanterie, tombé au guet-apens d'Omfo (Mésopotamie). Croix de guerre, Légion d'honneur.

DISPARUS

1914

CAURAT (Emile), Caporal au 107e d'infanterie.

CONDAMINAS (Charles), Sous-Lieutenant d'infanterie au 95e.

DEMARGNE (Ferdinand), Soldat au 263e d'infanterie, disparu le 7-8 octobre 1914 au Quesnoy-en-Santerre (Somme).

JOUANNY (Marcel), disparu le 28 août à Raucourt.

LASPOUSSAS (Jean), Caporal au 63e d'infanterie, disparu aux combats de la Besace.

MALLET (Pierre), Lieutenant au 18e régiment d'artillerie, Disparu en août. Une citation, Chevalier de la Légion d'honneur.

MARIANI (Eugène), Sergent au 63e d'infanterie, disparu le 28 août à la Besace.

MONJAUZE (Pierre), Soldat de liaison au 300e d'infanterie, disparu le 10 septembre.

1915

BURG (René), disparu le 19 février à Perthes-les-Hurlus.

PLAINEMAISON (Léon), disparu.

TROUVAT (André), Caporal au 90e d'infanterie, disparu le 9 mai près de Loos-Liévin (Pas-de-Calais).

1917

BARATAUD (Lucien), Caporal au 49e régiment d'infanterie, disparu le 5 mai à Craonne.

LISTE DES SOUSCRIPTEURS

MM.

A

AJUSTE.
ANGLARD.
ARDANT DU PICQ.
ASSOCIATION DES PARENTS D'ÉLÈVES.
ASSOCIATION DES ANCIENS ÉLÈVES.

B

BACQUE.
BAILLEUX.
BANCAUD (LÉON).
BALLEROY.
BARATAUD.
BARAUD.
BARBEAU.
BARRAGE.
BAROIGE.
BARRAULT (JULES).
BARRE (ELIE).
BAUDOIS
BAYLE.
BAZERT (LÉON).
BENOIST (GABRIEL).
BERGER (LÉON).
BERGER (ELIE).
BERNARDAUD.
BERNY.
BIAIS (ANDRÉ).
BLANCHARD.
BLANCHER (LÉONARD).
BLANCHER (ROGER).
BOILEAU (GEORGES).
BOILEAU (Mme).
BOISSEUIL.
BONNADIER.
BONNAUD.
BONNEAU (O.).

MM.

BONNEL.
BORDE.
BOUCHEMOUSSE.
BOUCHERON.
BOUDET (HENRI).
BOUILLON (MARC).
BOULLAND (Dr).
BOURDEAU D'ANTONY.
BOURGUIGNON (Dr).
BOYER.
BOYER-LAFARGE.
BRÉGÉRAS.
BREUIL (FRANÇOIS).
BREUIL (LOUIS).
BRISSAUD (FÉLIX).
BRUGERIE.
BRUNYE (DE LA).
BURG (Mme CHARLES).
BUTRUILLE.

C

CAÈN.
CAURAT.
CHABANAIS.
CHABANIER (JEAN).
CHABANIER (LOUIS).
CHABRIER (LOUIS).
CHAMBON.
CHAMBOUNAUD (Mme).
CHARBONNET (Mme).
CHARBONNET (GERMAIN).
CHANCEAULME.
CHARLET (Mme).
CHARLES-LAVAUZELLE.
CHATARD.
CHAUVIRET.
CHÈZE (Mme).
CLÉMENT-BERRY (PIERRE).

MM

COISSAC.
CONTANCIN.
CORNIL.
CORVISY (HENRI).
COURIVAUD (HENRI).
CONSEIL GÉNÉRAL DE LA H.-V.

D

DARDE.
DAURIAT.
DENIS.
DESBRIÈRES (D^{r}).
DESCHAMPS.
DESCOTTES (Mme).
DESCUBES.
DESMAISON.
DESPORT.
DESSAGNE.
DEVAUX (Mme ARMAND).
DOIRAN.
DONNET (D^{r}).
DUBOYS (PAUL).
DUCHÉ.
DUCROS (CONSEILLER HONOR.).
DUCROS (FRANÇOIS-XAVIER).
DUDOGNON.
DUFAL.
DUFOUR, à Couzeix.
DUFOUR, rue de Brettes.
DUMÉRY.
DUMOULIN.
DUPRAT.
DUSSOUBS.
DUTHEILLAUMAS.
DUVERGER, à Bellac.

E

EYSSARTIER.

F

FAYOLA.
FÉRÉOL (BONAUD).
FOREST (ALBIN).
FORET.
FORGEMOL.

MM.

FORGEMOL (JEAN).
FOURIAUD.
FOURNEAU.
FRANGNE.

G

GABIAT (CAMILLE).
GADON (HENRI).
GAILLARD.
GALLAND (RENÉ).
GARAT.
GENÉTEIX.
GÉRARD.
GIBUS.
GITTARD.
GIZARDIN (Mme).
GORCEIX (SEPTIME).
GOUMY.
GOURSAT.
GRELLIER.
GRIMAUD (GILBERT).
GRIMAUD (ALEXANDRE).
GRIMAUD (EUGÈNE).
GRIMODIE.
GROLHOUX (D^{r}).
GUILLEMOT (RENÉ).
GUINEAU (NORBERT).

H

HENRY (ARSÈNE)
HENRY DES TUREAUX (ROBERT).

J

JACQUET.
JANICOT.
JARRAUD (ARMAND).
JOLY (Mme LOUIS).
JOUHANNAUD (PIERRE).
JOUHANNEAUD (Mme).
JURET.

L

LACAUX (ANDRÉ).
LACAUX (CHARLES).
LACHAISE-LABESSE.

MM.

LACONTRE.
LACORRE.
LAFON (CHARLES).
LALLAY.
LANTERNIER.
LARAND.
LARBANEIX.
LASPOUSSAS.
LAVAL.
LAVANDON (Mme).
LEBLANC.
LECLERC (MARCEL).
LEFAURE (Mme).
LEGRAND.
LEMASSON (Dr).
LEMMEL.
LEMOYNE (Dr).
LENOBLE.
LEROY.
LEVEUF (RENÉ).
LEYSSENNE (Mlle).
LIAL.
LOFFICIER.
LOUTRE.
LYCÉE DE FILLES.
LYCÉE DE GARÇONS.

M

MAGNONNAUD.
MAITRE.
MALINVAUD (AUGUSTE).
MALINVAUD (EUGÈNE).
MARIANI (Mme).
MARIAUX.
MARQUET (Dr).
MARTIN (CHARLES).
MARTIN (JEAN-LOUIS).
MASSOULARD (CHARLES).
MASSOULARD (EMILE).
MAURICE (LOUIS).
MAURY (Mme).
MAZEAUD (SYLVAIN).
MAZEAUD (CHARLES).
MAZEAUD (EVARISTE).

MM.

MAZURIER, Sénateur.
MAZERON (ANDRÉ).
MÉRAND.
MEYNET.
MEYNIER.
MEYNIEUX (PIERRE).
MEYNIEUX, rue Pasteur.
MOMOT.
MONIÉ (Dr).
MONJAUZE.
MONTEUX (MAURICE).
MOREL (LOUIS).
MORTEROL.
MOULINIER.

N

NEPVEU.
NIGON.
NOUHAUD, à Nexon.

O

ORABONA.
ORLIAGUET.

P

PALADE.
PALLIER.
PALLOT (Mme).
PANNETIER.
PATRY (LÉONCE).
PATRY (LOUIS).
PATRY (JOSEPH).
PAUTET (Dr).
PENOT, avoué.
PÉRET.
PÉRIGAUDON.
PÉRIGORD (Dr).
PÉRIGORD (PIERRE).
PERRET (LÉONCE).
PETIT (RENÉ).
PETIT, à Rilhac-Rancon.
PICAT (ANDRÉ).
PICOUT-LAFOREST.
PINEAU.

MM.

PITANCE (Mlle).
PLAINEMAISON (Mme).
PLANCHAT, aux Cars.
PLANCHAT (JULES).
PORNIN.
PORTIER.
POUTARAUD.
PRINCE.

Q

QUÉRAUD.

R

RABACHE.
RABY (HENRI).
RAYMONDAUD (Dr Gilbert).
RAYMONDAUD (MARCEL).
RAYMOND (Dr JOSEPH).
RAYMOND (Dr THÉOPHILE).
RAYMOND, instituteur.
REBY (EUGÈNE).
REIX.
RIPPE.
ROBERT (Mme), à Châlus.
ROBERT (MARCEL).
ROSIER.
ROUBERTIE (EMILE).
ROUEL (Mme).
ROUGERIE (JUDE).
ROUQUETTE.
ROUVEROUX (JOSEPH).
ROYER (RENÉ).
RUCHAUD (LUCIEN).

S

SAINT-CHARLES (HENRI).
SAULNIER.
SIMÉON (JACQUES).

MM.

SIMÉON (PIERRE).
SOHET-THIBAUT.
SOULIER.
STÉPHAN (Mme).

T

TANDEAU (Mme).
TARRADE, pharmacien.
TEREYGEOL.
TERRIER (Mme).
TEYSSÈDRE (LOUIS).
THOUMIEUX.
TOUYÉRAS (Mme).
TREUIL (JEAN).
TREUIL (LOUIS)
TROUVAT.

V

VACHEYROUT.
VACQUIER (JEAN).
VACQUIN.
VALLADE.
VALÉRY (Eugène).
VALLON (Dr CHARLES).
VANDERMARCQ (EUGÈNE).
VAUTOUR.
VERGER (E.).
VERGNAUD (JOSEPH).
VERGNAUD, capitaine.
VERTADIER.
VIALLARD (Mme).
VIGNAUD (LÉON).
VIGNAUD (MARCEL).
VIGNERIE (JEAN).
VILLEMAUD (FRÉDÉRIC).

Association des Anciens Elèves du Lycée

LISTE DES SOCIÉTAIRES

COMITÉ

Président : M. René GUILLEMOT, Directeur-Rédacteur en chef du *Courrier du Centre.*

Vice-Président : M. Louis MOREL, Directeur honoraire de l'Hôpital de Limoges, Chevalier de la Légion d'honneur.

Secrétaire : M. BUTRUILLE. Professeur honoraire du Lycée Gay-Lussac.

Trésorier : M. DUSSOUBS, Pharmacien.

---

1 Arbellot (Albert), receveur des finances en retraite à Montmagner, commune d'Arnac-la-Poste (Haute-Vienne).

2 Arbellot (Emile), négociant, à Limoges, gare des Bénédictins.

3 Ardant du Picq (Martial), conseiller à la Cour d'appel de Limoges, rue Pierre-Raymond, Limoges.

4 Argueyrolles (Louis), docteur en médecine, à Breuil, par Brive (Corrèze).

5 Arsonval (Dr Arsène d'), membre de l'Institut, professeur au Collège de France, à Paris, 49 *bis*, avenue de la Belle-Gabrielle, à Nogent-sur-Marne (Seine).

6 Aubier (Achille), général de division.

7 Bacque (Alexandre), docteur en médecine à Limoges, 8, rue Gaignolle.

8 Ballet (Camille), commandant en retraite, à Ambazac.

9 Bancaud (Léon), fabricant de chaussures, à Limoges, 26, ancienne route d'Aixe.

10 Barbeau (Auguste), capitaine au 20e dragons, 17, cours Jourdan.

11 Barjaud de Lafont (Elie), négociant, à Limoges, 11, route de Lyon.

12 Barot (Louis-Joseph), docteur en médecine à Angers, 12 *bis*, place des Halles.

13 Barrault (Jules), négociant, à Limoges, 52, cours Gay-Lussac.

14 Baudois (Albert), étudiant, à Bussière-Galant.

15 BEAUBRUN (Edmond), substitut du procureur de la République à Lyon.

16 BENOIST (Gabriel), professeur au Lycée de Limoges, 4, rue Orphéroux.

17 BENOIT D'ETIVAUD (Raymond), propriétaire, à Limoges, 12, rue des Pénitents-Blancs.

18 BERGER (Elie), professeur honoraire, au Buisson, par Veyrac (Haute-Vienne).

19 BERGER (Joseph), docteur en droit, contrôleur principal des contributions directes à Saint-Etienne.

20 BERGER (Léon), correspondant de la Compagnie d'Orléans, à Limoges, 15, cours Bugeaud.

21 BERNARD (Victor), receveur des finances à Libourne.

22 BERNARDAUD (Jacques), industriel à Limoges, 15, rue Pierre-Raymond.

23 BERNARDAUD (Léon), fabricant de porcelaines, membre de la Chambre de commerce, à Limoges, 19, rue Pierre-Raymond.

24 BERNARDAUD (Michel), à Limoges, 19, rue Pierre-Raymond.

25 BERNARDIE (Léon-Amédée), contrôleur de direction des tabacs, à Tarbes.

26 BLANC (Alfred), docteur en médecine, à La Croisille (Haute-Vienne).

26 *bis* BLANC (Edmond), ingénieur des arts et manufactures, 6, rue Auguste-Maquet, Paris (16e).

27 BLANCHARD (Eugène), industriel, 11 *bis*, rue Pétiniaud-Beaupeyrat, à Limoges.

28 BLONDEAU (Joseph), fabricant de pâtes à porcelaines, à Limoges, 52, avenue de Poitiers.

29 BOILEAU (Georges), docteur en médecine à Paris, 54, rue de Rennes.

30 BOILEAU (Henri), à Paris, 99, avenue de La Bourdonnais.

31 BOISBERTRAND (Georges), manufacturier à Limoges, 12, rue de l'Observatoire.

32 BOISSEUIL (Albert-Francis), chirurgien-dentiste, à Limoges, place Jourdan.

33 BONNADIER (Albert), industriel à Limoges, 11, avenue Foucaud.

34 BORNE (André), notaire, à Saint-Léonard.

35 BOSCHE (Firmin), négociant, 9, rue du Bac, à Périgueux.

36 BOUDET (Henri), manufacturier à Limoges, rue de l'Observatoire.

37 BOUDET (Louis), agent d'assurances à Limoges, 3, cours Jourdan.

38 BOUILLON (Marc), ingénieur des arts et manufactures, manufacturier à Limoges, 15, boulevard Louis-Blanc.

39 Boulland (Henri), docteur en médecine à Limoges, 36, boulevard Victor-Hugo.

40 Bourdeau (Léopold), ingénieur des arts et manufactures, à Montferrand (Puy-de-Dôme).

41 Bourguignon (Léon), professeur à l'Ecole de médecine de Limoges, 11, place Saint-Michel.

42 Boutaud (Léandre), ingénieur principal, chef d'arrondissement des Chemins de l'Etat hellénique (Mission française), Salonique.

43 Bregerac, notaire à Saint-Priest-Ligoure (Haute-Vienne).

44 Brégéras (Félix), libraire-papetier à Limoges, 18, rue Manigne.

45 Breton (Alphonse), colonel en retraite, 13, rue du Couédic, Brest.

46 Briniel (Etienne), avocat, conseiller général, à Ussel (Corrèze).

47 Brissaud (Alfred), professeur à l'Ecole Turgot, à Paris, 1, rue Pluchot, à La Courneuve (Seine).

48 Brissaud (Félix), manufacturier à Limoges, 20, avenue Garibaldi.

49 Brisset (Louis), représentant de commerce, à Limoges, 30, rue Banc-Léger.

50 Brisset-Desisles (Eugène), ancien magistrat, à Limoges, 11, avenue de Juillet.

51 Brouilhet (Jacques), à Miallet (Dordogne).

52 Broussaud (Féréol), instituteur, à Limoges, 24, rue Haute-Vienne.

53 Brunye (Georges de La), juge au Tribunal de Limoges, 37, rue Pétiniaud-Beaupeyrat.

54 Burg (André), maître d'hôtel à Limoges, 30, boulevard Louis-Blanc.

55 Burguet (Jean), lieutenant au 20e dragons, à Limoges.

56 Butruille (Ludovic), professeur honoraire, à Limoges, 19, cours Jean-Pénicaud.

57 Caffiot (Emile), négociant, à Marseille, 11, boulevard National.

58 Callard (Robert), chef de gare en retraite, à Saint-Junien.

59 Carteron (Gabriel), percepteur de Pontchartrain (Seine-et-Oise).

60 Chabanier (Jean), capitaine, 1, rue Prépapaud, Limoges.

61 Chabanier (Jean-Baptiste), négociant, rue Manigne, à Limoges.

62 Chabanier (Louis), major de 2e classe, 1, rue Prépapaud, Limoges.

63 Chabrier (Louis), négociant à Limoges, 16, chemin de la Borie.

64 Chabrol (Arsène), pharmacien à Aixe-sur-Vienne.

65 Chabrol (Léonce), docteur en droit, administrateur des successions vacantes près la Direction générale de l'Enregistrement et des Domaines, à Paris, 6, rue Baudin.

66 Chaisemartin (Léon), chef de comptabilité à la Banque de France, Orléans.

67 Charbonnet (Eugène), professeur au Collège de Sedan (Ardennes).

68 Charbonnet (Germain), percepteur des contributions directes, à Bordeaux, 176, rue de La Benauge.

69 Charles (Edouard), industriel, à Limoges, 5, rue Cruche-d'Or.

70 Charles-Lavauzelle (Alfred), industriel à Limoges, 62, avenue Baudin.

71 Charles-Lavauzelle (Henri), imprimeur-éditeur, à Limoges, 62, avenue Baudin.

72 Charreyron (Pierre), docteur en droit, ancien bâtonnier de l'ordre des avocats à Limoges, 4, rue des Feuillants.

73 Chaussade (Adolphe), conservateur des hypothèques, en retraite à Fontenay-sous-Bois.

74 Chauviret (Félix), négociant à Limoges, 7, rue de l'Ecole-de-Médecine.

75 Chauviret (Pierre), négociant à Limoges, 7, rue de l'Ecole-de-Médecine.

76 Chazaud des Granges, juge suppléant au tribunal de Saint-Yrieix, 42, place de la Nation.

77 Coissac (Aubin), pharmacien de 1re classe à Limoges, 29, avenue Garibaldi.

78 Colein (Jean-Baptiste), chef de bataillon d'infanterie coloniale en retraite, à Limoges, 9, rue Darnet.

79 Courarie-Delage (Raymond), 13, place des Bancs.

80 Couty (Marius), à Linards, (Haute-Vienne).

81 Cubertafond (Dr Georges), professeur à l'Ecole de médecine de Limoges, 5 bis, boulevard Carnot, Limoges.

82 Daniel-Lamazière (Jules), avocat, à Poitiers.

83 Dasseux, maître-pilote, à Saïgon (Indochine).

84 Dauriat (Edmond), industriel au Puy-Saint-Jean, par Thiviers, (Dordogne).

85 Decoux-Lagoutte (Edouard), ancien magistrat à Périgueux, 9, rue Bourdeille.

86 Delage (André), propriétaire à Saint-Priest-Taurion, (Haute-Vienne).

87 DELAGE (Franck), professeur de 1re au lycée de Limoges, 7, impasse Saint-Surin, Limoges.

88 DEMARTIAL (André), agent général de la compagnie d'assurance l'*Urbaine* à Limoges, 21, boulevard Louis-Blanc.

89 DEMERLIAC (Marcel), médecin-major de 1re classe, 14, place du Champ-de-Foire, à Limoges.

90 DESBRIÈRES (Adrien), docteur en médecine à Limoges, 6, cours Bugeaud.

91 DESOUBSDANES, receveur de l'Enregistrement, à Orléans (Loiret).

92 DESQUAIRES (Joseph), capitaine 26e régiment d'infanterie, Nancy.

93 DEVILLEGOUREIX (Jacques), à Paris, 39, rue de l'Arbalète.

94 DEVILLEGOUREIX (Marcel), négociant à Paris, 39, rue de l'Arbalète.

95 DONNET (Dr René), professeur à l'Ecole de Médecine à Limoges, 1, rue de Brettes.

96 DORAT (Victor-Pierre), capitaine au 32e d'infanterie, à Tours.

96 *bis* BOYS (DU), conseiller à la Cour, Limoges, 15, rue du Général-Cérez.

97 DUCHER (Germain), à Neuvillas, par Vicq (Haute-Vienne).

98 DUCOURTIEUX (Paul), imprimeur-éditeur à Limoges, 7, rue des Arènes.

99 DUCROS (François-Xavier) médecin-major de 1re classe en retraite, à Bessines.

100 DUFOUR (Georges), propriétaire au château de Montautre, commune de Fromental (Haute-Vienne).

101 DUGÉNY (Jules), fabricant d'émaux à porcelaines, à Aixe-sur-Vienne.

102 DUPUY (Georges), avoué près le Tribunal de première instance à Limoges, 11, avenue Garibaldi.

103 DUSSOUBS-GASTON (Jean-Clément), pharmacien à Limoges, 3, place Denis-Dussoubs.

104 DUTHEILLAUMAS (A.), professeur au Lycée Gay-Lussac, à Limoges, 4, rue Croix-Mandonnaud.

105 DUVERGER (Camille), docteur en médecine, professeur à la Faculté de Strasbourg.

106 EYSSARTIER (Jean-Baptiste), conservateur des hypothèques, à Vire (Calvados).

107 FAGE (René), ancien bâtonnier de l'Ordre des avocats à Paris, 80, rue Lauriston.

108 FARGES (André), à Bonnefont, par Bugeat (Corrèze).

109 FAURE (André), ingénieur, place du Champ-de-Foire, Limoges.
110 FAURE (Marcel), 21, avenue Saint-Surin, à Limoges.
111 FAURE (René), colonel du 40e d'artillerie, 40, boulevard Garibaldi, Paris.
112 FAYOLA (Emile), artiste peintre, à Limoges, 3, rue d'Arsonval.
113 FAYOLLE-LUSSAC (Emile), à Neuvic-sur-l'Isle (Dordogne).
114 FORET (Adolphe), notaire à Excideuil (Dordogne).
115 FOUGÈRES (Pierre), rédacteur à la préfecture de la Haute-Vienne à Limoges, petit chemin des Tuillières.
116 FOURSEST (Victor), notaire au Dorat (Haute-Vienne).
117 FRUGIER (René), ingénieur des arts et manufactures, à Limoges, 38 *bis*, avenue de Juillet.

118 GABIAT (Camille), ancien député de la Haute-Vienne, maire de Saint-Sulpice-les-Feuilles.
119 GADON (Henry), docteur en droit, avoué près la Cour d'appel, à Limoges, 6, cours Jourdan.
120 GAILLARD (Etienne), professeur au Lycée d'Alger.
121 GALLAND (René), professeur d'anglais au Lycée de Chartres.
122 GALLAND (Roger), négociant à Limoges, rue Porte-Tourny.
123 GARRIGOU-LAGRANGE (Paul), avocat, secrétaire général de la Société Gay-Lussac, à Limoges, 23, avenue Foucaud.
124 GAY-BONNET (Charles), médecin-major de 1re classe au régiment de sapeurs-pompiers de Paris, 9, rue de Sévigné.
125 GEANTY (Maurice), négociant à Limoges, 20, place d'Aine.
126 GEAY (Henri), architecte, à Limoges, 1, cours Gay-Lussac.
127 GÉRALD (Georges), député de la Charente, à Paris, 1, avenue Bosquet.
128 GÉRARD (Emile), manufacturier à Limoges, 2, boulevard Montmailler.
129 GIBOUIN (Emile), fabricant de gants à Saint-Junien.
130 GIBUS (Pierre), ingénieur des arts et manufactures, à Paris, 3, rue de Monceau.
131 GORCEIX (Septime), maître suppléant au Collège Chaptal, à Paris.
132 GOTTERON (Louis), docteur en droit, ancien sénateur, à Aixe-sur-Vienne.
133 GRELLIER (Camille), conseiller général, banquier à Magnac-Laval (Haute-Vienne).
134 GRIMAUD (Alexandre), licencié en droit à Limoges.
135 GRIMAUD (Eugène), receveur de l'Enregistrement à Montrésor (Indre-et-Loire).
136 GRIMAUD (Gilbert), chef de division honoraire à la préfecture, 3, rue Vacquant.

137 GROLHOUX (Henri), docteur en médecine, à Nantiat.

138 GUÉRIN (Louis), commerçant à Limoges, 11, rue d'Antony.

139 GUÉRIN-LÉZÉ (William), ingénieur des arts et manufactures, à Limoges, 13, rue du Petit-Tour.

140 GUILLEMOT (René), directeur-rédacteur en chef du *Courrier du Centre*, à Limoges, 16, rue Turgot.

141 GUINEAU (Norbert), ancien officier d'infanterie à Limoges, 42, avenue de Juillet.

142 GUYONNAUD (Paul), chef de bataillon inspecteur des sapeurs-pompiers, à Limoges, 35, rue Saint-Paul.

143 HENRY (Arsène), ambassadeur de France, à Paris, 11, rue de l'Université.

144 HENRY (Charles), propriétaire, président honoraire de l'Association, à Limoges. 4, rue Jules-Noriac.

145 HENRY (René), chez M. Marcille, à Solvins, par Pithiviers (Loiret).

146 JAVEY, directeur d'usine, à Paris, 74, rue de la Fédération.

147 JOUHANNAUD (Pierre), directeur des affaires départementales de la Seine, rue Lobeau.

148 JURET (Alexandre), professeur au Lycée de Limoges, 25, rue Montmailler, à Limoges.

149 JUSTAMON (Georges-René-Albert), père capitaine d'infanterie, professeur adjoint au Lycée de Toulon.

150 LACHAISE-LABESSE (Léon), manufacturier à Saint-Junien.

151 LAFONT (Charles), manufacturier à Limoges, avenue Ernest-Ruben.

152 LAGRANGE (Joseph), avocat à Limoges, 7, rue Dupuytren.

153 LANTERNIER (Alfred), manufacturier, membre de la Chambre de commerce, à Limoges, 3, rue de l'Observatoire.

154 LARBANEIX (Pierre), à Bourganeuf (Creuse).

155 LAROUDIE (Léonce), administrateur de la Société du Meuble à Paris, 32, rue des Archives.

156 LARUE (Maurice), avocat à Paris, 15, rue Cardinet.

157 LATHELIZE (Paul), négociant à Limoges, 2, rue du Clocher.

158 LAURENT (Ernest), conservateur des hypothèques en retraite, à Limoges, 38 *bis*, avenue de Juillet.

159 LEBERCHE (Martial), employé de commerce, à Saint-Priest-Taurion.

160 LEFORT (Fernand), imprimeur-éditeur militaire à Limoges, 64, avenue Baudin.

161 LEMAISTRE (Camille), conservateur des hypothèques en retraite, à Limoges, 16, boulevard Victor-Hugo.

162 LEMOYNE (Joseph), docteur en médecine à Saint-Yrieix.

163 LEPETIT (Marc), avocat à la Cour d'appel de Paris, 6, boulevard de la Madeleine.

164 LEROUSSAUD (Léon), pharmacien de 1re classe, à Rueil (Seine-et-Oise), 18, rue de l'Hôtel-de-Ville.

165 LEROY (Camille), notaire à La Souterraine (Creuse).

166 LETOURNEUR (Albert), lieutenant-colonel, 10, square Desaix, Paris (15e).

167 LEVEUF (René), industriel, 6, rue de la Préfecture, à Limoges.

168 LINARD (Louis), colonel du 35e d'artillerie, 35, rue de Richemont, Vannes.

169 LOZE (Louis), économe au Lycée Rollin.

170 LYON (Ernest), avocat à la Cour d'appel, à Paris, 3, square Maubeuge.

171 MAITRE (Emmanuel), 144, rue du Faubourg-Poissonnière, à Paris (9e).

172 MALAUD (Edouard), ancien banquier, à Limoges, 5, chemin de La Borie.

173 MALAUD (Louis), à Limoges, 14, cours Jourdan.

174 MALLEBAY (Victor), industriel à Limoges, 3, rue Cruveilhier.

175 MARCHEGUET (Albert), à Magnac-Laval (Haute-Vienne).

176 MARIAUX (Eugène), général, commandant militaire au Palais-Bourbon.

177 MARQUET (Octave), docteur en médecine, maire de Rochechouart.

178 MARTAUD (Paul), pharmacien-major de 1re classe en retraite, à Beauville (Lot-et-Garonne).

179 MARTIN (Charles), fabricant de porcelaines, à Limoges, 9, rue Noël-Laudin.

180 MARTIN (Jean-Louis), professeur au Lycée de Limoges, 24, avenue de la Révolution.

181 MASSALOUX (Amédée), manufacturier à Limoges, 4, avenue Saint-Surin.

182 MASSOULARD (Emile), docteur en médecine à Troyes, 2, rue de la Madeleine.

183 MATHIEU (Roger), à Melun, 7, place de la Gare.

184 MATHIVET (J.-B.), chanoine titulaire, aumônier au Lycée Gay-Lussac, 16, rue des Pénitents-Rouges.

185 MAURANGES (Amable), négociant à Béziers (Hérault, 32, boulevard du Chemin-de-Fer.

186 MAZABRAUD (Jean), courtier, avenue de la République, Libourne.

187 MAZEAUD (Charles), 21, quai de l'Horloge, Paris (1er).

188 MAZEAUD (Evariste), ingénieur, 12, rempart du Midi, Angoulême.

189 MAZEAUD (Sylvain), conseiller à la Cour d'appel de Limoges, 30, avenue du Midi.

190 MAZERON (André), avocat à Limoges, 52, avenue de Juillet.

191 MEYNIEUX (Etienne), premier président de la Cour d'appel de Chambéry.

192 MEYNIEUX (Martial), fabricant de sacs à Limoges, 128, avenue Ernest-Ruben.

193 MEYNIEUX (Pierre), avocat à Saint-Etienne, 27, rue de la Loire.

194 MONIÉ (Georges) docteur en médecine à Limoges, 13, rue d'Isly.

195 MONNET (André), père négociant au Grand-Bourg (Creuse).

196 MONTEUX (Marcel), industriel à Limoges, 16, avenue Baudin.

197 MONTEUX (Maurice), industriel à Limoges, 16, avenue Baudin.

198 MOREL (Louis), vice-président de l'Association, à Limoges, 19, rue Pétiniaud-Beaupeyrat.

199 MORTEROL (François), négociant à Limoges, 11, place Saint-Michel.

200 MOSNIER (Louis), docteur en droit, avoué à Limoges, rue Brousseaud.

201 MOURIER (Gaston), employé à la Préfecture, 45, route de Bellac, Limoges.

202 MOURIER (Louis), receveur de l'Enregistrement à Nexon (Haute-Vienne).

203 NADAUD (Jean), ancien président du Tribunal de commerce, 16, cours Jean-Pénicaud, Limoges.

204 NADAUD (Pierre), négociant à Limoges 11, rue Pétiniaud-Beaupeyrat.

205 NEPVEU (Joseph), professeur honoraire à Bélâbre (Indre).

206 PASCHENT (Paul), directeur de la Banque de France à Honfleur (Calvados).

207 PALLIER (Joannès), docteur en médecine à Paris, 24, rue des Martyrs.

208 PATRY (Léonce), ancien président du Tribunal de commerce, négociant à Limoges, 15, cours Jean-Pénicaud.

209 PATRY (Louis), industriel à Limoges, 15 *bis*, cours Jean-Pénicaud.

210 PAULET (Ernest), père, négociant à Magnac-Laval (Haute-Vienne).

211 PERICHON (Auguste), conseiller honoraire à la Cour d'appel de Limoges, 20, rue Manigne.

212 PERET (Léonce), notaire honoraire à Cieux.

213 PETIT (René), comptable à Limoges, 15, place des Carmes.

214 PEYRUSSON (Martial), propriétaire à Limoges, 23, chemin du Petit-Tour.

215 PICOUT-LAFORET (Alfred), Saint-Denis-des-Murs, 6, rue de la Grande-Chaussée.

216 PINEAU (Roger), Limoges, avenue des Bénédictins.

217 PLANCHAT (Jules), entrepreneur à Lyon, 312, rue Duguesclin.

218 PLAS (Martial), à Limoges, 8, rue Raspail.

219 PORNIN (Arthur), industriel, membre de la Chambre de commerce, à Limoges, 19, avenue Saint-Surin.

220 PORNIN (Gabriel), industriel à Limoges, 19, avenue Saint-Surin.

221 PORTIER (Edouard), professeur au Lycée de Poitiers.

222 POUTARAUD (Louis), négociant à Limoges, 7, place de la Motte.

223 PRÉVOT (Charles), négociant à Limoges, 77, ancienne route d'Aixe.

224 PRINCE (Camille), ingénieur en chef des ponts et chaussées à Paris, 29, rue Bucy.

225 PUYRAUD (Ludovic), avocat agréé à Limoges, 3, boulevard Victor-Hugo.

226 RABY (Henri), chirurgien-dentiste à Limoges, 2, rue de la Courtine.

227 RAMBAULT (Léon), médecin-major, 91, ancienne route d'Aixe.

228 RAYMOND (Joseph), docteur en médecine à Limoges, 52, avenue de Juillet.

229 RAYMOND (Théophile), professeur honoraire à l'Ecole de Médecine de Limoges, 40, avenue de Juillet.

230 RAYMONDAUD (Gilbert), directeur de l'Ecole de Médecine de Limoges, 17, rue Pétiniaud-Beaupeyrat.

231 RÉA (André), capitaine, 28, rue Pétiniaud-Beaupeyrat, Limoges.

232 RÉA (Louis), 28, rue Pétiniaud-Beaupeyrat, Limoges.

233 REGAN (Jean-André), professeur de première au Lycée de Toulon (Sociétaire perpétuel).

234 RELIER (Louis), directeur de l'Institution Turgot à Limoges, 44, cours Gay-Lussac.

235 REYNIER (Fernand), percepteur à Paris, 99, rue de Longchamp.

236 RIBIERRE (Paul), médecin des hôpitaux de Paris, 33, rue de Lubeck.

237 RIVALIER (Augustin), docteur en médecine à Asnières (Seine), 2, rue de Prony.

238 ROBERT (Marcel), chirurgien-dentiste à Limoges, 3, boulevard Victor-Hugo.

239 ROUBERTIE (Emile), 57, rue Damrémont, Paris (18ᵉ).

240 ROUGERIE (Henri), *industriel à Limoges*, 2, rue des Trois-Châtains.

241 ROUGERIE (Jude), négociant à Aixe-sur-Vienne.

242 ROUGERIE (Paul), rue des Trois-Châtains, à Limoges.

243 ROUQUETTE (Jean), docteur en médecine à La Tremblade (Charente-Inférieure).

244 ROUVELLOU (Eugène), industriel, 46-48, rue Barbès, Bellac (Haute-Vienne).

245 ROUX (Marcel), *président du Conseil général, maire de* Saint-Yrieix.

246 ROYER (René), conservateur des hypothèques à Limoges, 25, avenue Garibaldi.

247 ROZ (Firmin), professeur à l'Ecole municipale Arago, à Paris, 32, rue Michel-Ange.

248 RUCHAUD (Lucien), négociant à Limoges, 17, rue Manigne.

249 RUSSE (Jules), docteur en médecine à Limoges, 59, avenue de la *Révolution*.

250 SABOURDY (A.), pharmacien de 1ʳᵉ classe, chef des laboratoires de la Compagnie fermière des Eaux de Vichy.

251 SARTRE (Léon), professeur de mathématiques au Lycée de Limoges, 22 *bis*, rue de la Mauvendière.

252 SARTRE (Louis), agrégé-répétiteur à l'Ecole normale supérieure, rue Dulm, Paris.

253 SEIDENBINDER (Charles), le père brasseur à Saint-Léonard.

254 SICARD (Martial), négociant à Limoges, 18, rue du Chinchauvaud.

255 SOHET-THIBAUT (Henri), propriétaire à Limoges, 11 *bis*, avenue du Midi.

256 TALLUAUD (Paul), fabricant de chaussures à Limoges, chez M. Bertrand, notaire au Blanc (Indre).

257 TARRADE (Jean), docteur en médecine à Limoges, 3, cours Jourdan.

258 TEREYGEOL (Maxime), 25, avenue Baudin, à Limoges.

259 TEYSSÈDRE (Emile), docteur en médecine à Limoges, 34, faubourg d'Angoulême.

260 TEYSSÈDRE (Louis), industriel à Limoges.

261 THOUMIEUX (Louis), 44, rue de la Mairie, Vanves.

262 THOUVENET (Dʳ Albert), professeur à l'Ecole de Médecine de Limoges, à Sourue, commune de Nieul.

263 TIXIER (Jules), architecte à Limoges, 38, rue Pétiniaud-Beaupeyrat.

264 Valade (Camille-Etienne), notaire à Blandy (Seine-et-Marne).

265 Valery (Eugène), chef du trafic et mouvement au Chemin de fer Franco-Ethiopien, à Djibouti.

266 Vallon (Charles), médecin en chef de l'Asile d'aliénés Sainte-Anne, à Paris, 15, rue Soufflot.

267 Vandermarcq (Eugène), manufacturier, vice-président honoraire de l'Association, à Limoges, 7, rue du Général-Cérez.

268 Vergnaud (Joseph), contrôleur des contributions directes à Valenciennes.

269 Vergnaud (Henri), dessinateur en chef à la Compagnie d'Orléans, à Tulle.

270 Vernon (Gustave), négociant à Limoges, 14, place du Champ-de-Foire.

271 Veyrier-Montagnères (James), agent de change à Bordeaux, place des Quinconces.

272 Vignaud (Léon), négociant, ancien juge au Tribunal de commerce, à Limoges, 18, avenue Garibaldi.

273 Vignaudon (Joseph), docteur en médecine à La Souterraine.

274 Vignerie (Jean), propriétaire à Saint-Junien (Haute-Vienne).

275 Villegoureix (Gustave), commandant en retraite, avenue du Casino, Royan.

276 Villemaud (Frédéric), conseiller à la Cour d'appel de Limoges, ancien président de l'Association, 27, rue Pierre-Raymond.

277 Villemaud (Jean), ingénieur des arts et manufactures, rue Dauphin, à Saint-Marcellin (Isère).

MEMBRES INSCRITS DEPUIS 1919

278 Audoynaud (Joseph), inspecteur d'Enregistrement, 6, cours Jean-Pénicaud.

279 Barrage (Alfred), 27, avenue de Poitiers.

280 Barraud (Georges), capitaine en retraite, 12 *bis*, boulevard Montmailler.

281 Beaulieu (James), industriel, 46, avenue Garibaldi.

282 Bellière (Marcel), père propriétaire à Lubersac (Corrèze).

283 Biais (André), 10, chemin de Naugeat.

284 Blanc (André), à La Croisille.

285 Blancher (Pierre), 8 rue Léonard-Limosin.

286 BLANCHER (Roger), 6, boulevard Louis-Blanc.
287 BONTEMPS (A.), imprimeur, rue du Consulat, 13.
288 BORDAS (Georges), boulevard de Clichy, 3, Paris (9e).
289 BOSSOUTROT (Alphonse), avenue des Charentes, 1.
290 BOSSOUTROT (Georges), avenue des Charentes, 1.
291 BOSSOUTROT (Louis), avenue des Charentes, 1.
292 BREUIL (François), cours Jean-Pénicaud, 4 *ter*.
293 BREUIL (Louis), cours Jean-Pénicaud, 4 *ter*.

294 CASSEGRAIN (Albert), 6, rue Turgot.
295 CAURAT (Edmond), 54, rue du Clos-Augier.
296 CAURAT (Marcel), 54, rue du Clos-Augier.
297 CHAMBON (Jean), 19, rue Léonard-Leblond.
298 CHAMBON (Marcel), 19, rue Léonard-Leblond.
299 CHAMBON (Pierre), 19, rue Léonard-Leblond.
300 CHANAUD (Pierre), hôtel de Bordeaux, place de la Gare.
301 CHAZELAS (Henri), à Bussière-Galant.
302 COIFFE (Eugène), industriel, 64, rue Montmailler.
303 COISSAC (Charles), 29, avenue Garibaldi.
304 COLIN (Pierre), 27, rue Bernard-Palissy.
305 CHARLES-LAVAUZELLE (Edmond), 62, avenue Baudin.
306 CHARLES-LAVAUZELLE (Georges), 62, avenue Baudin.

307 DALLANT (Maurice), lieutenant instructeur à Saint-Maixent.
308 DALLANT (René), avocat, 33 *bis*, faubourg d'Angoulême.
309 DALPEYRAT (André), 23, place de la République.
310 DALPEYRAT (Maurice), 23, place de la République.
311 DAUDE (Georges), le père, Saint-Pardoux-Corbier (Corrèze).
312 DEBERNARD, coiffeur, 8, place Tourny.
313 DELPEYROU, père agriculteur à Feytiat.
314 DELPEYROU (Adrien), à Feytiat.
315 DELPEYROU (Jean), à Feytiat.
316 DEMERLIAC (Alfred), bijoutier, rue du Clocher.
317 DESBORDES (Albert), 20, ancienne route d'Aixe.
318 DESCOTTES (Henri), père banquier à Saint-Léonard.
319 DESCOTTES (Paul), 16, avenue du Midi.
320 DESPORT (Pierre), 7, rue Durieux.
321 DESQUAIRES (Joseph), capitaine au 159e d'infanterie, 9e compagnie, Briançon.
322 DETHIAS (André), imprimeur, 4, cours Bugeaud.
323 DIEUDÉ (Charles), étudiant, 2, faubourg du Pont-Neuf.
324 DUBOYS (Paul), au Vigenal.
325 DUFAL (Gilbert), contrôleur des contributions directes à Rochechouart.

326 DURAND (Marcel), étudiant, le père pharmacien à Bussière-Dunoise (Creuse).
327 DUVERGER (Maurice), 4, boulevard de Fleurus.

328 EDOUX (Gaston), avocat, 8, rue d'Isly.

329 FAURE, dentiste, Puy-Imbert.
330 FONTANILE (Jean), (Légion d'honneur), 102, rue Cardinet, Paris (17e).
331 FONTANILLE (Marcel), étudiant, Oradour-sur-Vayres.
332 FONT-RÉAULX (Max de) (Médaille militaire), à Saint-Junien.
333 FOREST (Aimé), professeur au Lycée de Guéret.
334 FORGEMOL (Jean), 10, rue des Arènes.
335 GABEAUD (Pierre), rue de l'Observatoire.
336 GADY (Jean), agent d'assurances, 10, boulevard Carnot.
337 GALTIÉ (Marc), étudiant, 3, rue de la Navette.
338 GARAT, étudiant, à Saint-Bonnet-Briance.
339 GÉRALD DE FAYE (Antoine), 19, avenue de Juillet.
340 GOUT (Paul), 7, rue des Arènes.
341 GRAND (Léon), ingénieur des travaux publics de l'Etat, avenue de la République, Guéret.
342 GRANGER (Albert), 9, rue de la Fonderie.

343 HENRI DES TUREAUX (Robert), 10, faubourg des Arènes.
344 HEYRAUD (Alfred), cours Gay-Lussac, 5.

345 JACQUET (Edmond), ingénieur agronome, 7, rue du Sablard.
346 JANICOT (Maurice) (Légion d'honneur), 30, rue Méry, Bordeaux.
347 JARRY (Gustave), 42, avenue de la Révolution.

348 LACAUX (André), industriel, 34, cours Gay-Lussac.
349 LALLAY (Félix), directeur du petit Lycée annexe, place de l'Ancienne-Préfecture.
350 LAVAL (Noël), 38 *ter*, avenue de Juillet.
351 LAVANDON (René), 14 *bis*, boulevard Carnot.
352 LECLERC (Marcel), à Saillat-Chassenon.
353 LOUTRE (Georges), 55, rue d'Antony.

354 MALINVAUD (Auguste), avocat, 8, rue de la Mauvendière.
355 MALINVAUD (Eugène), contrôleur des contributions directes, 8, rue de la Mauvendière.
356 MALINVAUD (Antoine), 38, rue de la Mauvendière.
357 MALINVAUD (Marcel), 38, rue de la Mauvendière.

358 MANDON (Augustin), agent d'assurances, 8, boulevard de la Cité.
359 MARIAUX (Henri), le père négociant, 5, rue Pétiniaud-Beaupeyrat.
360 MARSAT (Henri), à Châteauponsac.
361 MAURICE (Louis), négociant, 4, rue Armand-Barbès.
362 MAYAUD (Pierre), 58, avenue Baudin.
363 MAZURIER, sénateur de la Haute-Vienne, Châteauponsac.
364 MÉRAND (Pierre), employé des postes, 5, rue Casimir-Fournier, à Ferrière-la-Grande (Nord).
365 MOREAU-DUPUY, rue du Consulat.
366 MOULINIER (Marcel), étudiant, 14, avenue de Turenne.

367 PARINAUD (Léopold), industriel, 6, chemin de Babylone.
368 PARINAUD (Marcel), industriel, 23, avenue de la Révolution.
369 PATRY (Joseph), industriel, 15, cours Jean-Pénicaud.
370 PÉJOUT (Georges), représentant de commerce, 3, rue de Brettes.
371 PELLEGRIS (Jean-Baptiste), vétérinaire, 18, rue des Feuillants.
372 PETIT (Marc), 15, place des Carmes.
373 PETIT (Jean), agent d'assurances, 7, chemin de Sainte-Claire.
374 PHILIPPON (Gustave), 19, rue des Basses-Palisses.
375 PIATTE (Jean), 10, rue des Pénitents-Blancs.
376 PICAT (André), négociant, 51, rue Pétiniaud-Beaupeyrat.
377 PORTIER (Edouard), professeur au Lycée de Poitiers.
378 PUYVERT (René), négociant, 113, avenue Ernest-Ruben.

379 RATIER (Marcel), à Rochechouart.
380 ROUGIER (Jean), 21, boulevard Jules-Ferry, Paris (11e).
381 ROUSSEAU (Maurice), 30, boulevard Carnot.
382 ROSIER (Camille), 5, avenue de Turenne.
383 ROUX (Gaston), ancien juge d'instruction, 35, avenue de Poitiers.

384 SARLANDIE (Robert), 13, avenue Garibaldi.
385 SEIDENBINDER (Franck), à Saint-Léonard.
386 SIMÉON (Pierre), 17, avenue Saint-Surin.
387 SOHM (Charles), 38, rue de la Mauvendière.

388 TREUIL (Jean), 25, avenue Saint-Surin.
389 TUILLIER (Léon), étudiant, 56, avenue Garibaldi.

390 VACQUIN (Jean), 7, route de Nexon.
391 VACQUIN (Pierre), 7, route de Nexon.

392 VALADON (Louis), secrétaire d'administration, 6, rue Turgot.
393 VALLADON (Victor), étudiant, 54, chemin de Fontaury.
394 VALIN (Louis), capitaine, 16, rue José-Maria-de-Hérédia, Paris (8e).
395 VACQUIER (Jean), 25, rue Gustave-Nadaud.
396 VIGNAUD (Marcel), 14, avenue Garibaldi.
397 VILLÉGIER (Anselme), 101, avenue de Naugeat.

LA GRANDE GUERRE

1914-1918

M. Elie Berger, ancien élève et professeur honoraire de rhétorique du Lycée Gay-Lussac, ancien élève de l'Ecole normale supérieure, qui compte parmi les membres les plus anciens et les plus fidèles de notre Association, a composé un vibrant pòème inspiré par la Grande Guerre. Notre distingué camarade a bien voulu autoriser la reproduction des principales parties de ce poème que nous regrettons de ne pouvoir insérer entièrement, faute de place, et qui constituera à cette brochure le plus bel épilogue qu'on pût souhaiter pour la mémoire de nos chers morts. Les vers de M. Berger étaient dédiés à M. Emile Boutroux, de l'Académie française, qui avait répondu par les mots suivants :

Mon cher camarade,

Permettez-moi de vous dire combien je me réjouirais de voir répandre, parmi nos écoles et nos foyers, ce mâle, ardent et harmonieux poème, qu'inspire, avec une rare puissance, le sentiment dont plus que jamais nous devons vivre : l'amour réfléchi et passionné de notre glorieuse patrie.

Votre bien cordialement dévoué,

Emile BOUTROUX.

Hurlez, clairons, hurlez, fanfares ! — l'Empereur
A donné le signal des victoires prochaines :
« A moi le monde entier ! Répandez la terreur,
« Le sang, la mort, le feu ! Que m'importent les haines ?
« La justice est un mot; la force prime tout.
« Les traités ? purs chiffons ; les promesses ? mensonges !
« La parole d'un roi puissant vaut-elle un coup
« De canon dissipant les lois comme des songes ? »

Et les Huns, déchaînés par le fou couronné,
Franchissent la frontière en culbutant les neutres,
Égorgent le vieillard et l'enfant nouveau-né,
Infligent aux époux leurs outrages de pleutres.
Tombez, forts, écrasés sous les grêles d'obus,
Tombez, fiers monuments de l'art et du génie,
Tribunaux, où le droit nous vengeait des abus.
Églises, où la foi se grisait d'harmonie,
Merveilles de beauté, de grâce et de splendeur !
Marbres, où circulaient la vie et la pensée,
Portraits éblouissants de relief, de couleur,
Tableaux, où revivait notre gloire passée,
Que le temps n'osait pas profaner, que nos yeux
Et nos cœurs captivés contemplaient comme un rêve,
Chefs-d'œuvre de la terre enfantés pour les cieux,
Héritage sans prix acccumulé sans trêve,
Livres, trésors divins, aliments éthérés,
Qui nourrissiez notre âme avide, insatiable
De savoir, qui charmiez nos esprits altérés
D'idéal et d'amour..., la rage épouvantable
Des barbares courant au pillage détruit
Par la flamme et le fer vos richesses sacrées.

....

Vainement les Anglais font jaillir les armées
De l'Océan surpris et nous tendent la main !
L'invasion répand ses vagues enflammées
Et menace le cœur de la France, Paris !
Un frisson douloureux glace déjà nos veines :
Tout est perdu ! — Non, non, cessez vos beaux paris,
Vos calculs insolents, traîtres des sombres plaines,
Esclaves sans pudeur d'un vil Caligula,
Rois, jaloux de souiller l'auguste capitale
Et sûrs d'y pénétrer triomphants ! — Joffre est là !
Ils sont là nos poilus, nos sauveurs ! Le dédale
Des colonnes d'assaut aux perfides détours
Est rompu ! — Ce n'est plus l'heure du pas de l'oie !
Fuyez vite, fuyez, envolez-vous, vautours,
Dont les becs déchiraient d'avance cette proie.
Adieu les rêves d'or et les rêves d'affront,
Les lauriers, les forfaits, les chansons, les orgies !
Ceux qui forgent le fer sous le fer tomberont :
La Marne les emporte en ses ondes rougies.

....

Ainsi la guerre étend ses ravages partout.
L'Autriche tremble aux traits vibrants que l'Italie
Décoche sur les monts et sur la mer. Debout
En face du Bulgare insolent, la Serbie
Au front loyal punit son infâme oppresseur.
Le fidèle Roumain relève enfin la tête,
Après *l'indigne affront* que subit sa valeur,
Tandis que la Russie inconstante s'apprête
A ternir ses succès foudroyants, à trahir
Ses amis au sein d'une anarchie angoissante.
Le Turc désabusé regarde l'avenir
Avec un sombre effroi : la royauté puissante
Du croissant, qui rêva d'englober l'univers,
Statue aux pieds minés, s'écroule de son socle.
La Grèce louvoyait aux mains d'un roi pervers :
Le Grand Vénizélos lui rend un Thémistocle.

Mais il faut revenir au tragique Occident,
A la France envahie, à la France indomptable,
Où le monde anxieux et fraternel attend
Le triomphe du droit, la fin irrévocable
Du drame palpitant qui lasse le destin.
Hourrah ! l'écho répète une voix prophétique !
Hourrah ! le ciel rayonne à l'horizon lointain :
Wilson a soulevé *d'un seul bond* l'Amérique !
Elle accourt vaillamment au cri de liberté.
Nous tressaillons d'espoir et de reconnaissance ;
Nous préparons le choc final... — Épouvanté
Le Boche nous prévient en massant la puissance
De ses *hordes sur l'Aisne, en cherchant* à percer
Notre ligne..., qui cède ! En cet effort suprême
Du vil monstre aux abois, Dieu ! va-t-il nous forcer
A découvrir Paris ?... Il avance... Anathème !
Il enfonce son coin dans nos flancs !... — Halte-là !
Tranquille et souriant le généralissime
Ordonne à tous les chefs d'attaquer Attila
Sur tous les fronts. Alors d'un élan unanime
Les alliés, bouillants d'ardeur, électrisés,
Forts comme les lions, comme les cerfs agiles,
Tête haute, le corps en avant, exposés
Aux balles, aux obus, — dans leurs âmes viriles
Entendant le rappel haletant du devoir, —
Retournent au combat comme on court à la fête
Du sacrifice et dans un rêve semblent voir

L'aube du jour béni, du jour où la requête
Des opprimés triomphe au divin tribunal.
Ludendorff éperdu devine la faillite
De ses plans ténébreux, le désastre final,
Tandis que Foch, Pétain, les généraux d'élite,
Héritiers des Desaix, des Kléber, des Marceau,
Culbutent tour à tour les fameuses armées
Qui de la France en deuil devaient faire un tombeau,
Les Vandales maudits qui pendant quatre années
Avaient mis en honneur la torche et le poignard.
Sauve qui peut ! laissant ses canons, ses bagages,
Laissant morts, prisonniers et drapeaux, le fuyard
Subit le châtiment de ses cruels outrages.
Sans espoir, hors d'haleine, il demande l'aman !
Le colosse ébranlé, terrassé, capitule.
Et l'illustre César, l'empereur de roman,
Le criminel... s'enfuit, histrion ridicule.

La justice immanente a triomphé ! Les preux
Avaient — comme leur glaive — une âme bien trempée.
Ils furent des héros, ils furent généreux :
La tragédie enfin s'achève... en épopée.
Les Romains sur leurs chars, avec leurs blancs coursiers,
Salués de vivats et suivis d'un cortège
D'ennemis enchaînés, tout chargés de lauriers
Et d'honneurs solennels, jaloux du privilège
D'être traités en rois, n'étaient pas aussi grands
Que nos petits soldats, sur la terre française,
En voyant accourir devant eux, dans leurs rangs,
Pleurant de joie, émus, chantant la Marseillaise,
Les victimes d'hier, les heureux de demain.
Oh ! quelle passion sur les visages peinte !
Chacun fièvreusement s'avance, tend la main
Et les lèvres, mettant son cœur dans cette étreinte.
En avant ! Entendez les joyeuses clameurs.
En avant ! hâtez-vous : l'Alsace et la Lorraine
Appellent à l'envi leurs chers libérateurs.

....

« Debout les morts ! » debout ! de palmes couronnés,
Vous dont le sang nous donne une moisson de gloire,
D'un nimbe étincelant d'or et d'azur ornés,
Célébrez avec nous la commune victoire.

Honneur à vous ! honneur au vaillant Clémenceau,
L'admirable vieillard, père de la patrie,
Qui sut par sa vigueur réunir en faisceau
Les partis pour sauver la nation meurtrie !
Honneur aux alliés ! honneur à nos poilus
Triomphants, immortels, l'orgueil et l'espérance
Du pays bien aimé dont les rares vertus
Ont surpris l'univers ! Hourrah ! Vive la France !

11 Mars 1919.

Elie BERGER,

ANCIEN ÉLÈVE ET PROFESSEUR HONORAIRE
DE RHÉTORIQUE DU LYCÉE GAY-LUSSAC,
ANCIEN ÉLÈVE DE L'ÉCOLE NORMALE SUPÉRIEURE
CHEVALIER DE LA LÉGION D'HONNEUR

Imprimerie GUILLEMOT et DE LAMOTHE. — Limoges.

Imprimerie
R. GUILLEMOT & L. de LAMOTHE
18, rue Turgot, 18
LIMOGES

www.ingramcontent.com/pod-product-compliance
Ingram Content Group UK Ltd.
Pitfield, Milton Keynes, MK11 3LW, UK
UKHW021313190726
13839UKWH00007B/1209